Ralf Knobloch-Ziegan

„Die Abenteuer der Weltbereisung und Weltbetrachtung"
Kommunales Kino Hannover – die frühen Jahre 1974–1994

Hannoversche Geschichtsblätter

Beiheft 8

Herausgegeben im Auftrag der Landeshauptstadt Hannover
von Cornelia Regin, Stadtarchiv Hannover,
in Kooperation mit dem Kulturbüro der Landeshauptstadt Hannover

Ralf Knobloch-Ziegan

„Die Abenteuer der Weltbereisung und Weltbetrachtung“

Kommunales Kino Hannover – die frühen Jahre 1974–1994

Anlässlich des 50-jährigen Bestehens 2024

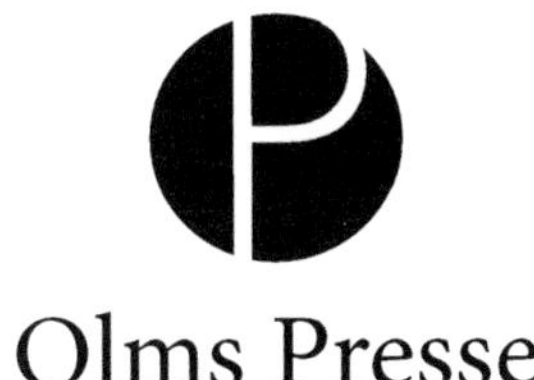

Olms Presse

Stephan Lohr gewidmet!

Stephan Lohr war streitbares Mitglied im Filmbeirat des Kommunalen Kinos und über lange Jahre und Jahrzehnte auch dessen zweiter und dann erster Vorsitzender. Er hat sich immer wieder, immer wenn es darauf ankam, lautstark und wirkmächtig für das Koki engagiert. Wir wollten über diese Publikation noch ins Gespräch kommen. Nun ist er im Mai dieses Jahres verstorben.

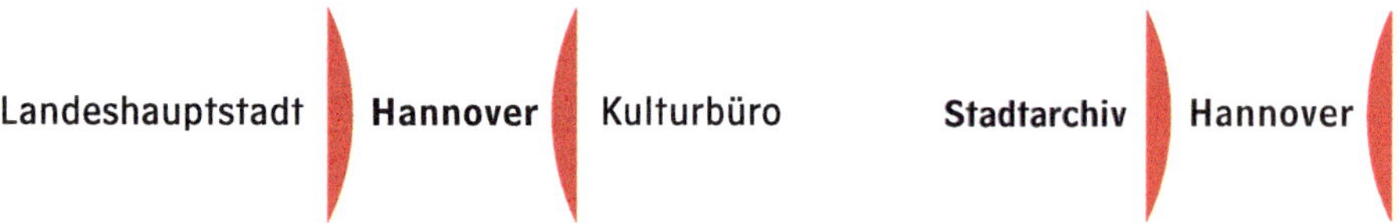

Dank für die Unterstützung an:
Claudia Grund, Kommunales Kino Hannover
Christian Heppner, Stadtarchiv Hannover
Uta Ziegan, Stadtarchiv Hannover
Henrike Schmidt
Joris Coerdt, Freiwilliges Soziales Jahr (Kultur) beim Kommunalen Kino Hannover 2019–2020

Abbildungen Umschlag: Stadtarchiv Hannover (Kinoprogramme), Plakat zur Eröffnung (© Kommunales Kino)

Bibliografische Information der Deutschen Nationalbibliothek
Die Deutsche Nationalbibliothek verzeichnet diese Publikation in der Deutschen Nationalbibliografie; detaillierte bibliografische Daten sind im Internet über http://dnb.d-nb.de abrufbar.

www.olms-presse.de
Printed in Germany
Gedruckt auf säurefreiem und alterungsbeständigem Papier
Satz und Covergestaltung: Michael Schmitz, Hildesheim
ISBN 978-3-7582-0806-5

Inhalt

Vorbemerkung des Verfassers

Im März 2024 diskutierten wir zum ersten Mal die Idee, in einem kurzen Aufsatz zum 50. Geburtstag des Kommunalen Kinos Hannover die Gründungsjahre dieser Institution zu beleuchten. Daraus entwickelte sich sehr schnell und kurzerhand der Plan, eine „kleine Festschrift" zu verfassen. Gesagt, getan! Das Ergebnis halten Sie in Ihren Händen.

Im Rahmen des sehr begrenzten Zeitfensters, das zur Verfügung stand, konzentrieren wir uns hier auf die ersten zwei Jahrzehnte 1974 bis 1994, von der Gründung bis zum Ende der Stürme, bis zur Ankunft des Koki in mehr oder weniger ruhigen Gewässern.

Der kultur- und zeithistorische Fokus des ersten Teils liegt auf den 70er Jahren, die geprägt sind von Aufbrüchen, Innovationen und „Revolutionen" in der internationalen und somit auch in der hannoverschen Film- und Kinokultur, aber auch von großen Ungewissheiten, von ständig wiederkehrenden Infragestellungen und kulturpolitischen Diskussionen um Rolle und Bedeutung, um Förderung von Kino und Film. Das Koki Hannover arbeitet in den ersten fünf Jahren ohne feste Spielstätte. Diese nomadische Phase endet 1979 durch einen „Untermietvertrag" mit Hans-Joachim Flebbes Kinos am Raschplatz. Damit verfügt das städtisch-kommunale Kinoangebot erstmals über eine eigene Adresse.

Die Jahre von 1979 bis 1994 werden Ihnen in einem zweiten Teil präsentiert in Form einer Chronik, die das cineastische Engagement, die inhaltlichen Schwerpunktsetzungen, aber auch die administrativ-politischen Konfliktlagen sowie die unterschiedlichsten Erscheinungsformen kulturpolitischer Ignoranz und die damit verbundenen existenziellen Krisen schlaglichtartig beleuchtet.

1981 und 1982 steht das Koki kurz vor dem Aus. 1983 gelingt die Rettung durch den Einzug ins Künstlerhaus in der Sophienstraße. Das „Kino im Künstlerhaus" kann nun knapp zehn Jahre lang unbehelligt von kulturpolitischen Interventionen seinen „Job" machen und zeigen, was Kinokultur ausmacht. 1992 ist es dann der ansonsten äußerst kulturbeflissene Oberstadtdirektor Jobst Fiedler, der verkündet, dass sich die Stadt Hannover ein Kommunales Kino nicht mehr leisten kann. Die Kultur der Landeshauptstadt insgesamt wird auf den Prüfstand gestellt. Daraufhin gründet sich eine „Kulturoffensive 92", die spartenübergreifend und klar Position bezieht gegen einen kulturellen Kahlschlag in der Landeshauptstadt. Erneut ist es Hans-Joachim Flebbe, der gerade das Cinemaxx in Hannover eröffnet hat, der gemeinsam mit dem hannoverschen Traditionsunternehmen Bahlsen das Koki mit einem Sponsoring-Modell rettet. Das Koki überlebt! Und 1994 dann wird der Koki-Leiter Sigurd Hermes vom französischen Staat geehrt, wird für seine Verdienste um die Vermittlung des französischen Films zum „Ritter der Ehrenlegion (des Ordens für Kunst und Literatur)" ernannt. Zwei Jahrzehnte Kommunales Kino, die Arbeit, dieser „Kampf um die Sache" haben wahrlich einen Orden verdient!

Und es werden noch drei weitere Jahrzehnte folgen. Das Koki Hannover ist über das Jahr 1994 hinaus Teil einer Gesellschafts- und Kulturgeschichte, die es noch mit Geduld zu recherchieren und zu schreiben gilt. Mit dieser Festschrift machen wir einen Anfang. Im Folgenden können wir nur auf einzelne Aspekte eingehen. Vieles, viel zu vieles, bleibt zwangsläufig unerwähnt oder nur angedeutet.

Auch im Jahr 2024 ist das Koki eine kulturell bedeutsame Institution. Ich bin überzeugt davon, dass ein Kommunales Kino, dass eine kreative Musealisierung des „Kino-Dispositivs" auch in Zukunft absolut notwendig ist. Filme können mittlerweile auf zahlreichen „Plattformen" gesichtet werden, aber das technisch-atmosphärische Arrangement der Filmvorführung – digital, aber auch analog – in einem entsprechenden „Lichtspieltheater" mit einem großen Publikum in einem dunklen Saal und einer großen Leinwand hat seine ganz eigene Wirkung, hat seine ganz eigene Geschichte. Ein Kommunales Kino erzählt mit ganz eigener Akzentsetzung von dieser Geschichte und hält sie – in einer multiplexen und multimedialen Umgebung – gegenwärtig.

Um den ehemaligen Oberbürgermeister Herbert Schmalstieg zu zitieren: „Das Koki gehört zu Hannover und das muss so bleiben.“

Ralf Knobloch-Ziegan
Leiter des Kommunalen Kinos Hannover von 2015 bis 2023

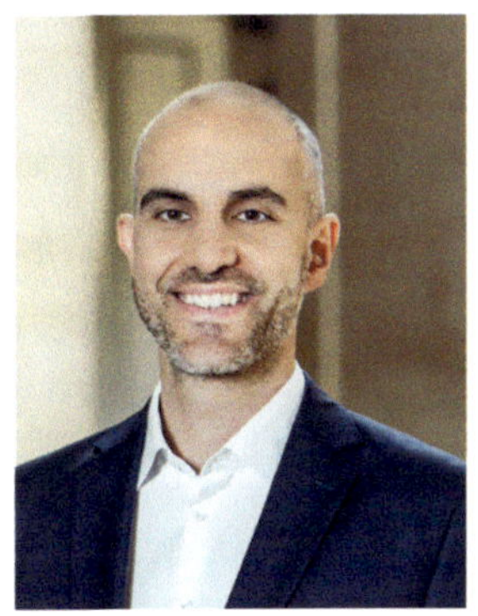
© LHH, Ole Spata

Grußwort des Oberbürgermeisters der Landeshauptstadt Hannover Belit Onay

Die Landeshaupstadt darf auf ein halbes Jahrhundert Kommunales Kino zurückblicken!

50 Jahre KoKi bedeuten 50 Jahre städtisch getragene Liebe zur Filmkunst, die sich – schauen wir auf das damalige Leinwandflimmern zurück – ebenso rasant verändert hat wie das städtische Leben seit 1974 selbst.

Ein Meilenstein für den Wandel ist natürlich die Digitalisierung der Filmproduktion und -vorführung. Unsere Sehgewohnheiten haben sich verändert, mit ihnen die Ästhetiken und Tempi. Aber auch Rollenbilder haben sich gewandelt und neue Held*innen sind entstanden.

Das KoKi gab und gibt uns die Möglichkeit, durch das Lebendighalten von Filmgeschichte auch unsere Geschichte und damit auch Gegenwart zu verstehen. Es kontextualisiert Filme von „damals", macht uns den Wandel der Zeiten bewusst und lässt uns Perspektiven von Generationen besser nachvollziehen.

Stark verändert hat sich – beschleunigt durch Corona – unsere Beziehung zum Kino. Auch mit dem Aufkommen von Streamingdiensten ist es herausfordernder geworden, vor allem jüngere Menschen vom Sofa vor die große Leinwand zu locken – das Kino muss andere, neue Vorführungsformen finden, um weiterhin attraktiv zu bleiben. Das neue Leitungsteam des KoKi hat sich daher zur Aufgabe gemacht, das Kommunale Kino durch diese Transformation in die Zukunft zu tragen. Der Kinobesuch soll als Erlebnis gefeiert, mit außergewöhnlichen Gästen gerahmt und mit Kulinarik begleitet werden. Auch werden Kultfilme von der 35mm-Filmrolle gezeigt und flimmern für Nostalgiker*innen wieder analog auf der Leinwand.

Ich danke Ralf Knobloch-Ziegan, dass er mit der vorliegenden Publikation auf die Entstehungsgeschichte des Kinos zurückblickt und damit dem KoKi ein Stück literarische Ewigkeit schenkt. Johannes und Wiebke Thomsen wünsche ich weiterhin eine glückliche Hand, das KoKi auch für die nächsten 50 Jahre als Ort der Begegnung und kulturellen Bereicherung zu erhalten.

Grußwort von Herbert Schmalstieg, Oberbürgermeister der Landeshauptstadt Hannover a. D.

Was war das für eine Zeit vor 50 Jahren! Aufbruchstimmung im Rat der Stadt, Suche nach neuen, ergänzenden Wegen in der Jugend- und Kulturpolitik.

Unabhängige Jugendzentren, alternative Kultureinrichtungen. Und ein neuer Weg in der Kinokultur. Es war das große Verdienst des damaligen Ratsherrn Hermann Beddig, der uns drängte, ein Kommunales Kino zu gründen. Zu Recht. Die Ergänzung zu den Unterhaltungskinos war notwendig. Hannover leistete Pionierarbeit. Hannover war die zweite Stadt in Deutschland, die den Mut hatte, diesen Weg zu gehen.

Ich erinnere mich an die mobilen Spielstätten in den Freizeitheimen, an das Apollo, an die Raschplatzspielstätte, dann der feste Platz im Künstlerhaus.

Ich erinnere mich aber auch an die Widerstände gegen das Koki, die ständigen Diskussionen über bevorstehende Kürzung der Finanzmittel oder gar die Schließung.

50 Jahre Koki sind ein Stück Stadtgeschichte. Das Koki hat Filme gezeigt, die anderswo nicht zu sehen waren, hat internationale Kinokultur vermittelt. Wie wichtig war das im Rahmen der EXPO 2000 und darüber hinaus! Ein Forum des Gesprächs.

Und unvergessen – die unermüdliche Arbeit von Sigurd Hermes und in seiner Nachfolge von Ralf Knobloch.

Dem neuen Team, Johannes und Wiebke Thomsen, wünsche ich weiterhin Erfolg. Mit neuen Impulsen und Akzenten.

Das Koki gehört zu Hannover und das muss so bleiben.

Herbert Schmalstieg

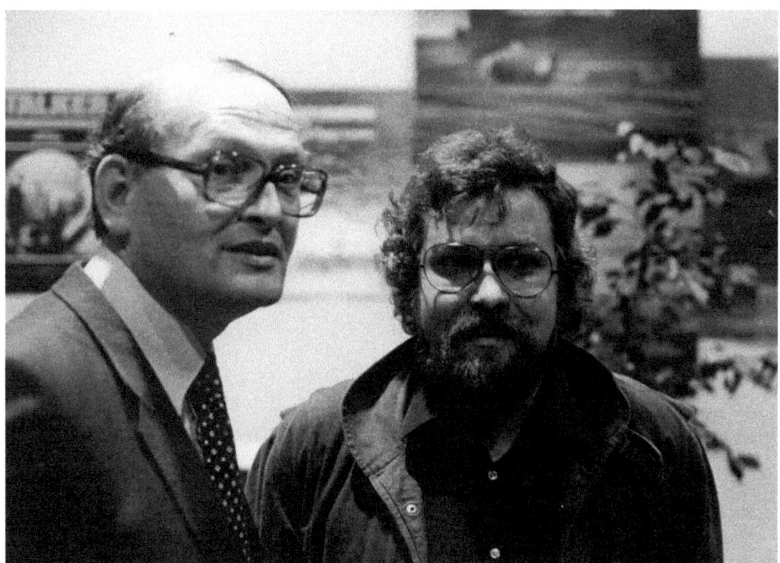

Oberbürgermeister Herbert Schmalstieg und Sigurd Hermes
© Kommunales Kino

Geleitwort

Wenn es um die Geschichte des Kommunalen Kinos Hannover gehen soll, dann ist es durchaus naheliegend, mit Worten von Hans Werner Dannowski einzusetzen. Dannowski, der 2016 verstorbene vormalige Stadtsuperintendent und Pastor an der Marktkirche Hannover, war u. a. Filmbeauftragter des Rates der EKD, Autor der Fachzeitschrift epd film, überzeugter Filmkritiker und -kenner – und er war über Jahrzehnte engagierter Vorsitzender des Filmbeirates und öffentlicher Förderer des Kommunalen Kinos Hannover, das wir im weiteren Verlauf des Textes meist einfach Koki nennen werden.

Anlässlich des 30. Geburtstages des Koki im Oktober 2004 heißt es in Dannowskis Laudatio: „Ein zentraler Ort ist das Koki in Hannover für die Abenteuer der Weltbereisung und Weltbetrachtung, für Recherche und Vergleich, für das Experiment. Gelegenheit bietet es für das Kennenlernen und Wiedererkennen von Kulturen und Gebräuchen, von Träumen, Gefühlen, Einstellungen und Maximen. Durch die Zeiten und die Kontinente führen uns die Filme, und [das Wort vom] […] ‚Weltkino' […] kennzeichnet das gesamte Programm des Hauses."[1]

Als Dannowski diese emphatischen Worte aussprach, konnte das Koki Hannover in der Tat auf drei „abenteuerliche" Jahrzehnte zurückblicken. Abenteuer und Experiment prägten allerdings nicht nur das Geschehen auf der Leinwand, sondern auch die – immer wieder durchgerüttelte und durchgeschüttelte – Institution selbst.

Gleich in den ersten Tagen des Koki gab es eine Reihe zum amerikanischen Piratenfilm für Jung und Alt zu bestaunen. Bleiben wir bei der Beschreibung in diesem Bild: Es geht um den Abenteuerfilm der Gründung und der ersten Jahre, das mühsame Segeln bei politischem Gegenwind, das Kreuzen bei wechselnden administrativen Winden, die Suche nach einem sicheren Hafen, einem festen Standort, um den immer wieder drohenden Untergang bei stürmischer See oder Piratenüberfall. All das wird hier für die ersten zwei Jahrzehnte noch einmal in den Blick geraten, natürlich auch, um die programmatischen Glanzpunkte, die Veranstaltungen, die illustren Gäste der frühen Ära Hermes retrospektiv zu feiern.

Sigurd Hermes: Er ist der Gründungsleiter, er liefert die ersten Konzepte und ist dann über vier aufregende Jahrzehnte, als städtischer Angestellter, Chef des Koki Hannover. Die Geschichte des Koki ist Sigurd Hermes' Geschichte. Er wird 2014 in den Ruhestand verabschiedet und verstirbt – leider viel zu früh! – bereits im Jahr 2017.

In dieser Chronik, anlässlich des 50-jährigen Jubiläums dieser ganz besonderen Institution im Herbst 2024, wollen wir die ersten Jahre und Jahrzehnte der Ära Hermes, vor allem die Gründungsphase und die Geburtswehen des Koki, noch einmal lebendig werden lassen. Setzen wir die Segel!

Licht an. Film ab.

Kommunale Kinoarbeit – eine Idee entsteht

Aufblende. Titel: „Was heißt hier ‚Kommunales Kino'?"

Hannover im Oktober 1974: Ein absolutes kommunalpolitisches Novum für die niedersächsische Landeshauptstadt zeichnet sich ab: Die Stadt an der Leine richtet ein Kommunales Kino ein – ein Kino, tatsächlich als Teil der städtischen Kulturverwaltung und somit des städtisch verantworteten Kulturangebotes! Rat und Verwaltung der Stadt gehen diesen außergewöhnlichen kulturpolitischen Schritt in einem entscheidenden Moment gemeinsam. Wie konnte es dazu kommen?

In der Tat vollziehen sich diese kommunalpolitische Entscheidung und dieser Verwaltungsakt, die beide im Rückblick kultur- und zeitgeschichtlich durchaus von Bedeutung sind, nicht im luftleeren Raum. Die politischen Initiativen, die Diskussionen in der interessierten Öffentlichkeit, in den Gremien, die Anträge und Drucksachen finden ihren Vor- und Nachhall in einem ganz besonderen gesellschaftspolitischen Resonanzraum Anfang der 1970er Jahre. Das Koki Hannover ist nicht das erste, aber es ist eines der frühen und darüber hinaus wegbereitenden und wegweisenden Kommunalen Kinos in diesen Adoleszenz-Jahren der jungen Bundesrepublik. In den späten 60er und den frühen 70er Jahren kulminieren eine Reihe ökonomischer, gesellschaftlicher und politischer Entwicklungen, die die Idee eines Kommunalen Kinos befördern:

Zum einen erlebt das kommerzielle Kino in der Bundesrepublik eine seiner größeren strukturellen und kreativen Krisen (von denen es ja noch einige weitere geben sollte). Die Besucherzahlen gehen schon seit Jahren erheblich zurück.[2] Spektakuläre Firmenzusammenbrüche erschüttern die Branche. 1961 hält die Jury des Deutschen Filmpreises keinen deutschen Film der höchsten Auszeichnung für würdig. Und ganz entscheidend: Zwischen 1956 und 1962 steigt die Zahl der Fernsehteilnehmer um mehr als das Zehnfache auf 7,2 Millionen.[3]

Aus der Not heraus werden Kinosäle zerteilt und in sogenannte Kino-Center umgewandelt; das Schachtelkino und – verkürzt und plakativ – der Softporno à la „Schulmädchenreport", Karl May und Edgar Wallace sollen den Kulturort Kino retten. Die gewerblichen Kinos in der Bundesrepublik treiben ihren Sälen nach und nach jegliche Kinomagie aus. Das Kino ist längst kein Erlebnis mehr. Kino-Kunst kommt hier schon lange nicht mehr vor.

Gleichzeitig aber setzt „Achtundsechzig" eine junge Generation frei, die ihr Leben, ihr Bild von der Welt, ihren Weg in die Zukunft neu definiert. Gesellschaftliche Verhältnisse und Konventionen werden nicht mehr einfach hingenommen, sondern kritisch hinterfragt. Kino wird in diesem Zusammenhang von der revoltierenden oder rebellischen Jugend als ein kommunikativer und politischer Ort entdeckt, an dem die kritische Auseinandersetzung mit gesellschaftlicher Realität, mit Geschichte und Vergangenheit möglich wird; der junge deutsche Film, aber auch die „neuen Wellen" des europäischen und internationalen Kinos werden zum Kristallisationspunkt. „Das zwischen nouvelle vague und Autorenfilm, Dokumentarfilm und populären Genres changierende Interesse eines jungen, besser gebildeten Publikums trug zur Stabilisierung des Kinos in den frühen 70er Jahren bei."[4] Und genau hier kommen die sich neu etablierenden Programmkinos und die Kommunalen Kinos ins Spiel …

Ein dritter Punkt: Die kulturellen und sozio-ökonomischen Entwicklungen dieser Jahre vollziehen sich vor der Kulisse einer „Stadt", die bereits seit Jahren als verödet, als „unwirtlich" beschrieben wird. Alexander Mitscherlichs Diktum von der „Unwirtlichkeit unserer Städte"[5] zielt auf eine baulich manifestierte Monotonie und Uniformität, auf eine in letzter Instanz die Demokratie gefährdende, rein ökonomisch orientierte Stadtplanung; in der Summe auf eine geradezu „toxische Urbanität".

An dieser Stelle setzt Anfang der 1970er Jahre eine Neubesinnung der Kommunalpolitik ein, die – in großen Teilen sozialdemokratisch geprägt und getragen – eine solidarische und lebenswerte Stadt als Leitbild definiert. Der Deutsche Städtetag erklärt 1973 „Bildung und Kultur als Element der Stadtentwicklung". Dieses Papier „war die Essenz einer seit Ende der sechziger Jahre laufenden bildungs- und kulturpolitischen Reformdiskussion in der Bundesrepublik Deutschland und Bestandteil der Entschließung ‚Wege zur menschlichen Stadt'. Mit dem Positionspapier war eine Kulturpolitik neuer Prägung auch offiziell in der kommunalen Familie angekommen."[6]

„Die ‚Kinokrise' und die ‚Neukonzeption der kommunalen Kulturpolitik' waren also wichtige Bedingungen dafür, dass die Idee des Kommunalen Kinos nicht bloße Idee blieb. Sie waren die Voraussetzungen, dass einzelne Städte damit begannen, Kommunale Kinos einzurichten."[7]

Hier wird natürlich kein Schalter umgelegt, sondern wir haben es mit einem über mehrere Jahre sich entfaltenden Prozess zu tun. Es gibt in der Bundesrepublik bereits eine längere Tradition von alternativen Spielstätten, von Filmclubs oder von kleinen Clubkinos, die von Enthusiasten betrieben werden. Anfang der 1970er Jahre bieten zahlreiche Volkshochschulen landauf, landab Filmseminare und Kinoveranstaltungen an. An diese Entwicklungen knüpfen die ersten Kokis an.

„Es gibt in der kommunalen Kulturpolitik […] erst seit 1971 überhaupt die ersten Ansätze, sich mit Film zu beschäftigen, Film nicht mehr als eine quantité négligeable zu betrachten, sondern als eine Möglichkeit für Kulturpolitik in einer Gemeinde"[8], sagt einer der maßgeblichen Initiatoren der Idee der kommunalen Filmarbeit, Hilmar Hoffmann. Er ist 1954 Gründer der Westdeutschen Kulturfilmtage, aus denen späterhin die Internationalen Kurzfilmtage Oberhausen hervorgehen. 1962 wird im Rahmen der 8. Westdeutschen Kurzfilmtage das „Oberhausener Manifest" verkündet. 26 Filmemacher verkünden: „Der alte Film ist tot. Wir glauben

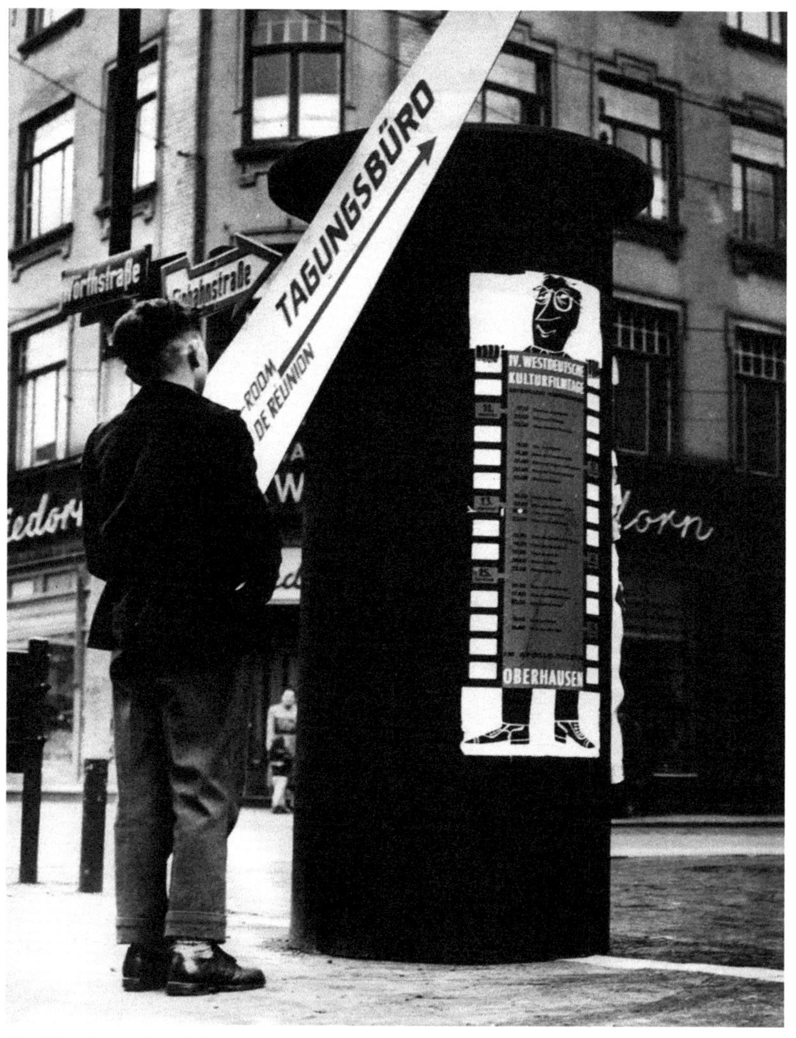

IV. Westdeutsche Kulturfilmtage Oberhausen
© Archiv der Filmfestspiele Oberhausen

an den neuen." Die Geburtsstunde des jungen deutschen Films! Hilmar Hoffmann hat seinen Anteil daran.

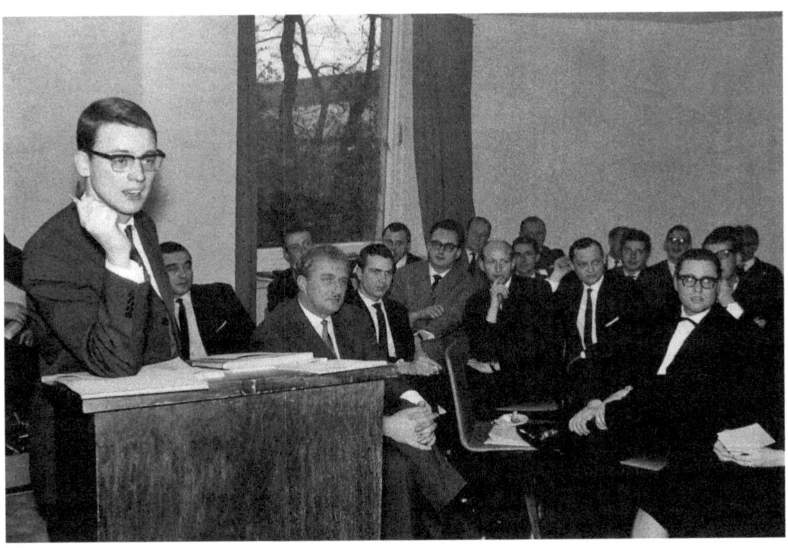

Pressekonferenz anlässlich der Verkündung des Oberhausener Manifests, am Pult Alexander Kluge
© Archiv der Filmfestspiele Oberhausen

In der Stadt Frankfurt ist er von 1965 bis 1990 zunächst Sozial- und Kulturdezernent und dann Kulturstadtrat. In dieser Funktion initiiert er zahlreiche Neugründungen im städtischen Kulturbereich: das Künstlerhaus Mousonturm, diverse soziokulturelle Zentren, die Institutionen des Frankfurter Museumsufers und, sofort mit entsprechendem Gegenwind, das erste Kommunale Kino in der Bundesrepublik.

Das seinerzeit – und, bei Lichte betrachtet, auch heute noch – utopische Kulturverständnis Hilmar Hoffmanns bringt allein schon der Titel seiner 1979 publizierten Streitschrift zum Ausdruck: „Kultur für alle"![9] Hier wird die Kritik an einer erstarrten Kulturpolitik und an einem elitären Kulturbetrieb auf den praktischen Punkt gebracht. Begriffe wie „alternative Kultur" und „Soziokultur" beginnen, den Diskurs zu bestimmen. Die gesellschaftspolitische Bedeutung von Kultur und Bildung und die Notwendigkeit einer (wirklich!) breiten Partizipation an (wirklich!) allen kulturellen Angeboten wird hervorgehoben. Hoffmann reflektiert über emanzipatorisches Theater, über eine Oper für alle, das Museum als Bildungseinrichtung, die pädagogischen Aufgaben von Bibliotheken – und nicht zuletzt über das Kino als Vermittlungsort und Bildungsinstitution – denn er begreift Film als eine Kunst, eine ästhetische Ausdrucksform, die es zu vermitteln gilt. Für den verantwortlichen Kulturpolitiker scheint da die Gründung eines Kommunalen Kinos geradezu zwingend. Aber dieser Schritt ist längst nicht für alle nachvollziehbar.

„Nachdem die Stadt Frankfurt am Main, gegen die Stimmen der Christlichen Demokraten am 11. Februar 1971 die Errichtung des ersten Kommunalen Kinos in der Bundesrepublik beschlossen hatte, war die einzige Reaktion der 5 Erstaufführungstheater-Besitzer [...], den Magistrat am 26.5.71 auf Unterlassung zu verklagen. Dies wurde der erste Prozess überhaupt, den Kinos gegen ein Kino führten, um Kino zu verhindern"[10], schreibt Hoffmann 1972 kämpferisch und zuspitzend.

Die Frankfurter Kinobetreiber sitzen dabei mit ihrer Klage gegen eine vermeintlich öffentlich geförderte Konkurrenz einem schwerwiegenden Missverständnis auf. Indem sie grundsätzlich den Doppelcharakter des Films ignorieren, sind sie einzig und allein in der Lage, ihn als Ware und das Kino als Warenhaus, als Auswertungsmaschine zu betrachten. Kino ist in diesem Verständnis eine kommerzielle und einzig der Unterhaltung dienende Veranstaltung. – Im Übrigen ist noch ein halbes Jahrhundert später dieses verkürzte und verfälschende Verständnis von Film leider auch in weiten Teilen der Kulturpolitik nach wie vor anzutreffen.

Hoffmann im Rückblick 2015: „Unsere vor den Schranken des Gerichts am 28. Januar 1972 gegen die Kläger vorgetragene Differenzierung lautete, beim Medium Film handele es sich um eine ästhetische Kategorie und nicht um irgendeine Ware, die wie Gemüse, Briketts oder Modeartikel im freien Wettbewerb um Absatz ringen und um Gewinne feilschen [muss]. Bei Gericht haben wir

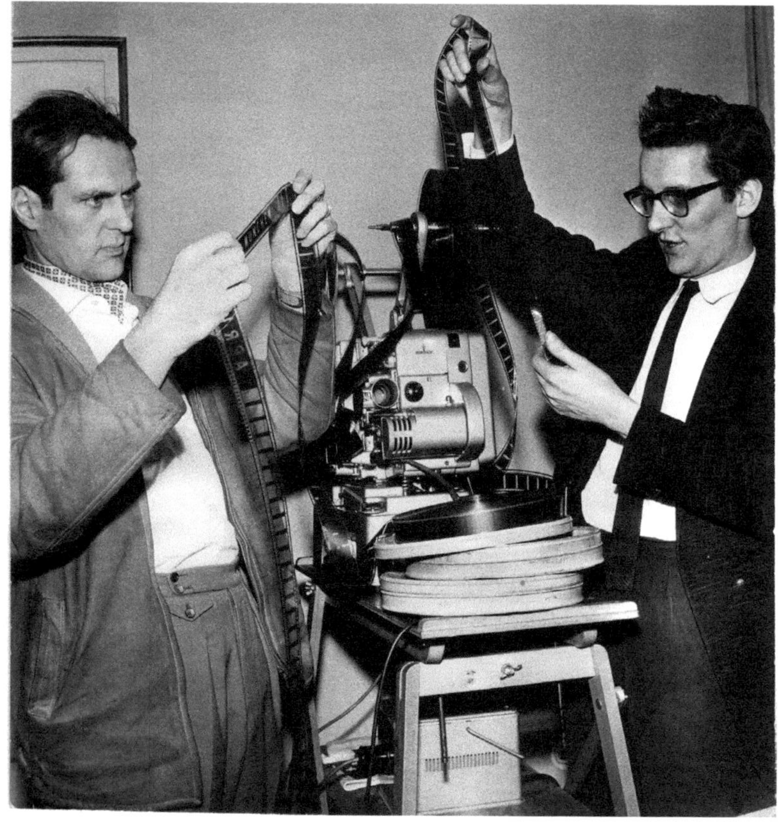

Hilmar Hoffmann (links) und Will Wehling 1959

das ‚Kommunale Kino' analog zu den Frankfurter Museen als kulturelle Bildungseinrichtung definiert."[11]

Das Frankfurter Verwaltungsgericht folgt dieser Sichtweise und weist die Klage der Kinobetreiber ab. Das erste Kommunale Kino kann seine Arbeit aufnehmen. Der kommunal- und kulturpolitische Wille, Film als eigenständige künstlerische Ausdrucksform und gleichsam gesellschaftlich relevantes Medium zu begreifen, setzt sich durch. „Die Stadtgesellschaft schafft sich einen – funktional durchaus mit einem Museum oder Kunstverein zu vergleichenden – Ort für die Repräsentation der ‚7. Kunst', wie Film vor allem in französischer Diktion häufig bezeichnet wird. [...] [A]ll den unterschiedlichen Formen und historischen Phasen audiovisueller Erzählungen oder auch Erzählungsverweigerungen, widmet sich [von nun an, d. Verf.] das Kommunale Kino als eine ‚Schule des Sehens' mit einem dezidierten Bildungs- und Diskursansatz, mit der Schaffung inhaltlicher, programmatischer Kontexte."[12] Abblende.

Rathaus Hannover – 1974

Aufblende. Nahaufnahme auf die Drucksache Nr. 37/74, datiert auf den 4. Januar 1974.

Diese Drucksache geht mit zwei Anlagen in den Kultur- und Verwaltungsausschuss und in die Ratsversammlung – mit dem Antrag, zu beschließen: In Hannover wird ein Kommunales Kino eingerichtet. Begründung:

„Der Film hat sich in unserem Jahrhundert unbestritten zu einer eigenständigen Kunstform entwickelt. Es ist eine Tatsache, dass der Film einer künstlerischen Aussagekraft fähig ist, die in Vergangenheit und Gegenwart zu interessanten und wertvollen Ergebnissen geführt hat. Die Kunstform ‚Film' hat sich bisher weitgehend ohne Förderung durch die öffentliche Hand erhalten können, weil das Medium ‚Film' vom Publikum stark angenommen worden ist. Diese Situation hat sich in den letzten Jahren gewandelt. Die Zahl der Besucher in den Lichtspieltheatern ist zurückgegangen. Der Film ist z. T. regelrecht ‚in Verruf geraten'. Das kann aber nicht bedeuten, dass der künstlerisch anspruchsvolle Film nicht seine Berechtigung hat. [...] [D]er gemeinsame Ausschuss für Kulturarbeit, ein Gremium des Bundes, der Länder und des

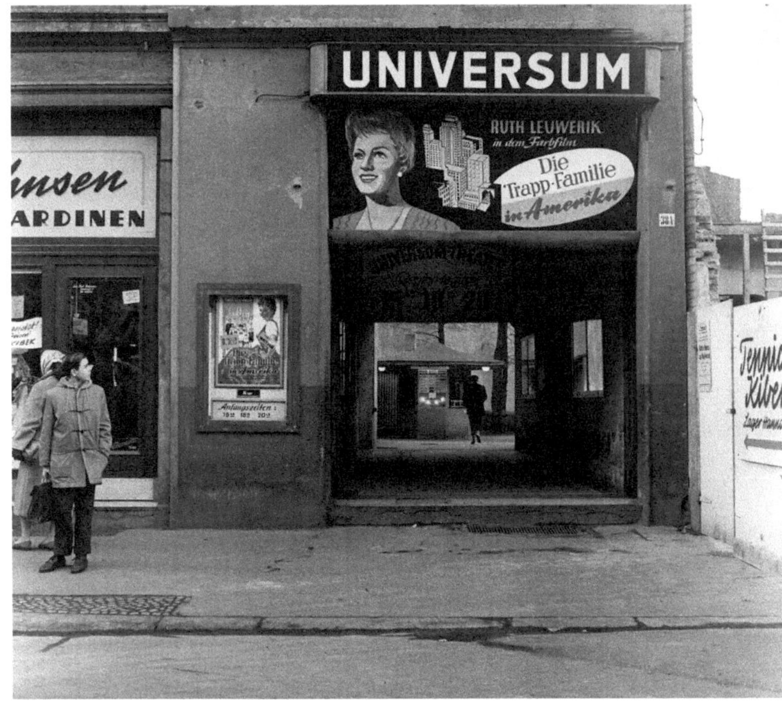

Universum-Kino, Hannover-List
© Filminstitut Hannover

Deutschen Städtetages, ist der Meinung, dass neben dem Theater, der Musik, der bildenden Kunst und der Literatur der Film als eine eigene Kunstgattung steht und dass er darüber hinaus ein für die Bildungsarbeit hervorragend geeignetes Medium ist. [...] Da das Kommunale Kino kulturell, didaktisch und gesellschaftlich relevante Filme vermittelt, kann es kulturpolitische Aufgaben erfüllen, die gegenüber denjenigen der Theater, Orchester, Museen und anderer kommunaler Kultureinrichtungen nicht geringer zu bewerten sind. Daher sollten auch in Hannover die organisatorischen und finanziellen Voraussetzungen für die Eröffnung eines solchen Kinos geschaffen werden."[13]

Die neuen kulturpolitischen Ansätze der frühen 70er Jahre erreichen also auch Hannover, erreichen die Ratspolitik und die Verwaltung. Die Protokolle und Drucksachen aus dieser Zeit enthalten erstaunlich klare Statements mit Blick auf Film und Kino und die Notwendigkeit, auf kommunaler Ebene „filmfördernde Maßnahmen"[14] zu ergreifen. Über die konkrete Ausgestaltung und die Organisationsform eines Kommunalen Kinos wird allerdings ebenfalls noch sehr engagiert diskutiert, unter Einbezug der Öffentlichkeit, aber vor allem auch der kommerziellen Kinobetreiber. Denn zu diesem Zeitpunkt ist durch die bundesweite Praxis bereits klar, dass ein Koki ganz unterschiedliche Gesichter haben kann: Es kann eine private Initiative, ein „Filmclub", sein, der städtischerseits teilsubventioniert wird, die Stadt kann eine bereits existierende Einrichtung, eine Volkshochschule oder Bibliothek, mit der Film- und Kinoarbeit beauftragen, sie kann ein eigenes – und somit vollsubventioniertes – Koki als Teil der Kulturverwaltung betreiben oder aber eine Kooperation mit kommerziellen Kinos eingehen.[15] All diese Aspekte und Fragestellungen werden auch in Hannover diskutiert und abgewogen, nicht zuletzt vor dem Hintergrund, dass zunächst keine eigenen Kinoräumlichkeiten zur Verfügung stehen.

Bereits im Frühjahr 1973 wird im Kulturausschuss vorgeschlagen, zunächst versuchsweise ein Koki in den Freizeitheimen zu installieren.[16] Ein euphorisch gleich für den Herbst des Jahres ins Auge gefasster Start muss jedoch erst einmal verschoben werden.[17] Die Initiative bleibt für einige Monate im politischen Raum zwischen den Fraktionen, dem Kulturausschuss und dem Rat stecken, allerdings zeigen sich alle Parteien, nur mit unterschiedlichen Gewichtungen und Akzentuierungen, an der Idee eines Koki für Hannover interessiert. Die FDP verweist auf die Möglichkeit eines festen Standortes auf der Lister Meile, wo es eine Vereinsgründung der U-Bahn-Anlieger Lister Platz/Raschplatz und die Initiative für ein „neues universum"-Kino gibt. Die „Universum Lichtspiele" hatte es seit 1919 an der Alten Celler Heerstraße gegeben. 1970 hat das Kino infolge der U-Bahn-Bauarbeiten schließen müssen.

Kurzfristig ist die „Aktion Lister Meile" eine recht lautstarke Stimme in der Stadtöffentlichkeit, sieht die „Errichtung eines mit Freizeiteinrichtungen kombinierten kommunalen Kinos an Hannovers jüngster und längster Einkaufsstraße"[18] als wichtige stadtplanerische Ergänzung. Die FDP macht sich für diese Interessen und „die Belange des nördlich vom Hauptbahnhof gelegenen Raumes"[19] stark. Im November stellt die Neue Hannoversche Presse fest: „‚neues universum' braucht Zeit [...] Die Anlieger der Lister Meile müssen wohl noch weiter auf die Verwirklichung des von ihnen propagierten Projekts ‚neues universum' warten, das unter anderem die Errichtung eines kommunalen Kinos [...] vorsieht."[20]

Der FDP-Antrag wird in den Kulturausschuss überwiesen. Letztendlich scheitert diese Idee, zielführende Gespräche kommen nicht zustande.[21] Auch der Überlegung, „die U-Bahn-Station Kröpcke für eine Übergangszeit dem Kommunalen Kino dienstbar zu machen"[22], stehen praktische und baurechtliche Gründe entgegen. Die CDU-Fraktion zeigt sich in dieser Aufbruchphase ebenfalls engagiert, fordert aber ganz gezielt „die Zusammenarbeit mit auf privater Basis schon bestehenden Einrichtungen [...], [denn] ein Kommunales Kino ist nicht allein unter ausschließlich kommunaler Regie praktizierbar."[23] Mit Robert Billerbeck, der in Hannover mehrere Filmtheater besitzt und stellvertretender Vorsitzender des Wirtschaftsverbandes der Filmtheater ist, findet noch im Dezember 1973 ein Gespräch statt. Aber hier wird schnell deutlich, dass es für einen kommerziellen Kinobetrieb mit Erstaufführungen und entsprechenden Verpflichtungen den Verleihern gegenüber kaum möglich ist, ganze Tage für die Filmkunst freizuräumen.[24]

Einzig das Apollo-Kino in Hannover-Linden, das bereits Anfang der 70er Jahre als Programmkino mit täglich wechselnden Filmen fungiert, zeigt sich an der Kooperation mit einem zukünftigen Koki interessiert. Zu diesem Zeitpunkt ist übrigens bereits ein junger Mann namens Hans-Joachim Flebbe für die Programmgestaltung im Apollo zuständig ... So fügt sich alles zu einem mehr oder minder ambitionierten Plan, der das Koki als ein Kino ohne feste Spielstätte und unter Einbeziehung der städtischen Freizeitheime in den jeweiligen Stadtteilen an den Start bringen will. In der entscheidenden Drucksache aus dem Januar 1974 heißt es:

„Im Freizeitheim Vahrenwald ist eine 35mm-Filmvorführmaschine und ein 16mm-Filmvorführgerät vorhanden. Das Freizeitheim Ricklingen verfügt zwar nur über ein 16mm-Filmvorführgerät, eine 35mm-Vorführmaschine könnte aber in der an sich dafür vorgesehenen Filmvorführkabine des Fritz-Haake-Saals eingebaut werden. Nur im Freizeitheim Linden ist es nicht möglich, 35mm-Maschinen einzubauen. Hier bietet sich jedoch eine Zusammenarbeit mit dem Apollo-Kino an. Die notwendigen technischen Voraussetzungen für den Betrieb eines Kommunalen Kinos im Lister Turm werden im Rahmen des Ausbaus zu einem Freizeitheim mit geschaffen."[25]

Und in den „Vorläufigen Richtlinien für ein Kommunales Kino in Hannover" wird darüber hinaus ein anspruchsvolles Aufgaben-Szenario entwickelt: „Zusammenarbeit mit bestehenden Filmclubs und Film-Arbeitsgemeinschaften, Aufbau einer Kinemathek, einer Videothek und einer Film-Bibliothek, Förderung des Amateurfilmwesens, Entwicklung eines audio-visuellen Zentrums für alle Bereiche der Filmkunst und der Fotografie. [...] Das Kommunale Kino hat die Aufgabe, die kulturellen, gesellschaftspolitischen und didaktischen Möglichkeiten des Films als eine eigenständige Kunstform erkennbar und nutzbar zu machen. [...] Der Film ist bei der Arbeit des Kommunalen Kinos immer das Leitmedium. Er darf jedoch als Medium nicht allein stehen, sondern muss im Kontext gesehen werden mit Vorträgen, Ausstellungen, Buch- und Theaterangeboten sowie mit Seminaren und ähnlichen Veranstaltungen."[26]

Fehlt eigentlich nur noch das Personal.

Und was wird gebraucht? „[E]in hauptamtlicher Leiter, ein Sachbearbeiter, eine Verwaltungs- und Schreibkraft sowie ein fest angestellter Filmvorführer".[27]

LANDESHAUPTSTADT HANNOVER

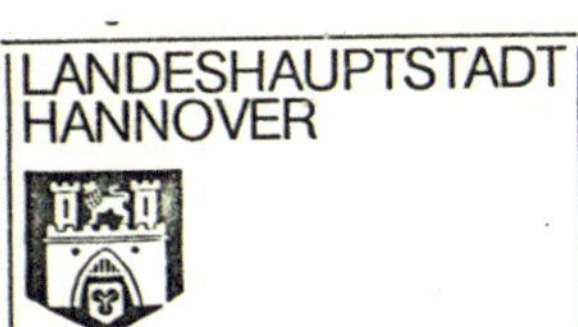

Die Landeshauptstadt Hannover beabsichtigt, Anfang nächsten Jahres ein kommunales Kino einzurichten. Für den Aufbau und die Leitung wird ein

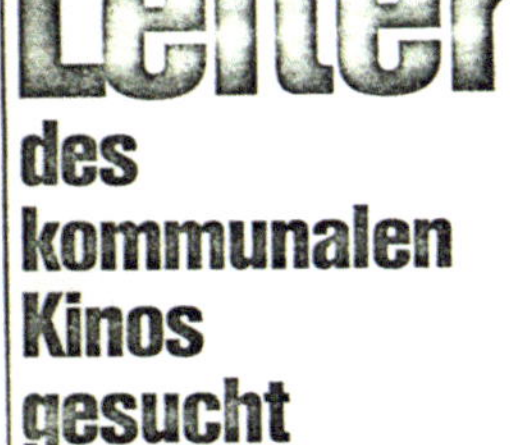

Leiter des kommunalen Kinos gesucht

Zunächst sollen dezentrale Spielstätten in einzelnen Stadtteilen eingerichtet werden. Die Filmvorführungen sollen durch begleitende Veranstaltungen wie Diskussionen, Seminare, Ausstellungen ergänzt werden. Vom Bewerber werden filmkundliche Kenntnisse und praktische Erfahrungen in der Planung und Organisation von Filmveranstaltungen sowie medienpädagogische Fähigkeiten erwartet. Vergütung nach BAT III, außerdem werden die im öffentlichen Dienst üblichen guten Sozialleistungen (Arbeitgeberdarlehen, verbilligter Mittagstisch) geboten.

Bewerbungen sind mit den üblichen Unterlagen (Lebenslauf, Referenzen) möglichst umgehend an die Landeshauptstadt Hannover, Personalamt, 3 Hannover, Trammplatz 2, unter Kennziffer 41, zu richten.

Stellenausschreibung für die Koki-Leitung
© Kommunales Kino

Vom zukünftigen Leiter („gegendert" wird in den 70ern noch nicht) werden filmkundliche Kenntnisse erwartet, dafür bekommt er BAT III sowie die im öffentlichen Dienst üblichen guten Sozialleistungen (wie verbilligten Mittagstisch) angeboten. Hannover wartet auf die Bewerbungen. Abblende.

Die documenta 5 und die Filmkunst

Aufblende. Szenenwechsel. Totale auf das Fridericianum Kassel.

Im Jahr des Frankfurter „Koki-Urteils", 1972, findet in Kassel die documenta 5 statt, die unter der künstlerischen Leitung von Harald Szeemann programmatisch der „Befragung der Realität – Bildwelten heute" nachgeht. Zu erleben ist dort „ein Archipel verschiedener Bildwelten, die in dem Nebeneinander von ‚High' und ‚Low' eine individuelle Interpretation dessen, was Kunst sei und was nicht, vom Betrachter einforderten."[28]

„Quasi antithetisch zu den ersten, weitgehend der Abstraktion verpflichteten documenta-Ausstellungen hielt nun die – wie auch immer geartete – ‚Realität' Einzug: in der Malerei mit fotorealistischen Positionen [...,] in der Skulptur mit lebensnahen Menschendarstellungen und Environments".[29] Individuellen künstlerischen Mythologien „wurden sogenannte ‚parallele Bildwelten' gegenübergestellt: Bildwelten der Frömmigkeit, politische Propaganda, Trivialrealismus (Kitsch), Werbung und Warenästhetik und die ‚Bildnerei der Geisteskranken' – Alltagstrivialität und persönliche Obsessionen existierten gleichwertig nebeneinander."[30]

Die documenta 5 präsentiert in diesem Kontext auch – und das ist für diese „Weltkunstausstellung" eine Premiere – ein gezielt kuratiertes, zeitgenössisches internationales Filmkunstprogramm.

Und dieses Filmprogramm wird kuratiert zum einen von Gerhard Büttenbender, der bereits seit Mitte der 60er Jahre auf dem Jugendhof Dörnberg in Hessen mit Film arbeitet, Kurzfilme dreht, dort Seminare zu Kunst und Film veranstaltet. U. a. sind hier die Experimentalfilmerin Dore O. und der Filmer und Sammler Werner Nekes, die engagierten Dokumentarfilmer Harun Farocki und Hartmut Bitomsky, aber auch der Kunsttheoretiker und „Fluxist" Bazon Brock oder der hessische Generalstaatsanwalt Fritz Bauer zu Gast. Ein illustres Umfeld. 1968 gründet Büttenbender gemeinsam mit Adolf Winkelmann und anderen das Kasseler Filmkollektiv, gewinnt 1970 den „Großen Preis der Internationalen Kurzfilmtage Oberhausen". An der Uni Göttingen arbeitet er Anfang der 70er Jahre als Dozent für visuelle Kommunikation.

Der zweite Kurator des documenta-Filmprogramms ist zehn Jahre jünger als Büttenbender und steht noch am Anfang. Sigurd Hermes ist mit seinen 23 Jahren Absolvent der Kunsthochschule, später Gesamthochschule, Kassel. Dort hat er Grafikdesign, Film und Fernsehen studiert. Hermes ist zu diesem Zeitpunkt schon,

documenta filmschau

vom 1. 7. bis 5. 7. '72
im Kino Royal
Obere Königsstraße

Je Vorstellung
3 Mark
Unkostenbeitrag

Programmänderungen vorbehalten
Verantwortlich: Sigurd Hermes,
Freier Mitarbeiter der d5
Die Programme des New American Cinema wurden von Klaus Feddermann in den USA zusammengestellt.

	Samstag, 1. 7.	Sonntag, 2. 7.	Montag, 3. 7.	Dienstag, 4. 7.	Mittwoch, 5. 7.
13 Uhr	New American Cinema I	New American Cinema III	New European Cinema II	Reflektionsfilm	Portrait Bernd Upnmoor
15 Uhr	New European Cinema I	New American Cinema IV	New European Cinema III	Dokumentation	New American Cinema VI
18 Uhr	Russ Mayer Retrospektive I	Russ Mayer Retrospektive II	Russ Mayer Retrospektive III	Russ Mayer Retrospektive IV	Russ Mayer Retrospektive V
20 Uhr	New American Cinema II	Sozialistischer Realismus I	Anderes Kino II	Sozialistischer Realismus II	New American Cinema VII
22 Uhr	Erotic Cinema	Anderes Kino I	New American Cinema V	Politische Filmarbeit	Bildwelt der Trivialpornographie

Filmprogramm der documenta 5

soviel ist sicher, ein wahrer Filmenthusiast. Und nun die documenta …!

Doch wie steht es hier in Kassel um den Film? Film *neben* der Kunst – oder doch *Filmkunst*? Film war schon immer, wenn auch nur rudimentär, ein Teil des „Kasseler Kunstverständnisses". Bereits der documenta-Gründungsvater Arnold Bode schreibt im sogenannten „Bode-Plan" 1954 schlicht und knapp: „Film. Die entscheidenden in- und ausländischen Filme müssten gezeigt werden."[31]

Die documenta I präsentiert 1955 tatsächlich im Rahmen einer „Filmkunstschau" „wertvolle Filmdokumente der letzten 40 Jahre".[32] Eine Retrospektive also, kein zeitgenössisches oder aktuelles Filmschaffen. „Ziel dieses von Arnold Bode entwickelten Konzepts war es, über die ebenfalls vertretenen Gattungen Dichtung und Drama, Musik, Industrieform und neues Wohnen hinaus mit dem Film das Spektrum der Künste zu erweitern und die einzelnen Gattungen in eine spannungsvolle Beziehung zueinander zu bringen. Der Film wird auf diese Weise Teil der Kunst und integraler Bestandteil der Ausstellung."[33]

Soweit die „bahnbrechende" Idee. Tatsächlich bleibt der Film aber auch auf der documenta ein eher randständiges Phänomen, findet kaum Erwähnung im zentralen Ausstellungskatalog. Nächtliche Kinovorstellungen finden an einem Ort weitab vom tatsächlichen Ausstellungsgeschehen statt.

Vier documentas später geht Harald Szeemann tatsächlich einen Schritt weiter und lässt vom Team Büttenbender-Hermes ein eigenständiges Filmprogramm kuratieren. Die Diskrepanz zwischen dem Konzept, dass Film als Teil der Kunst begriffen werden soll, und Realisierung wird daran deutlich, dass auch das Filmprogramm der d 5 wieder in einem Kino abseits des sonstigen Ausstellungsgeschehens stattfindet, während sogenannte „Künstlerfilme“ im zentralen Fridericianum ihren Platz finden.[34]

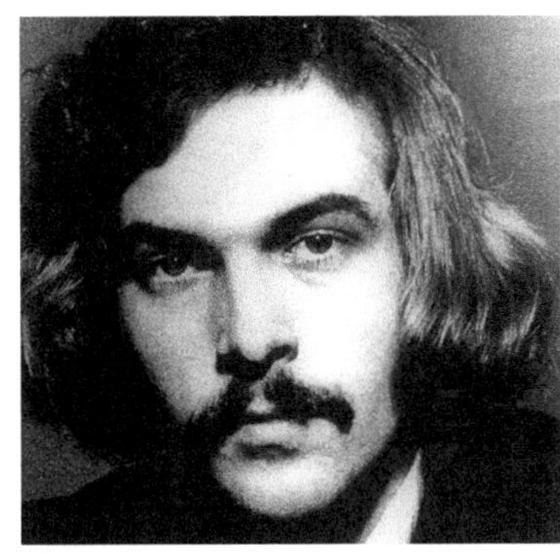

Bewerbungsfoto Sigurd Hermes
© privat

Dennoch herrscht Aufbruchstimmung. Die beiden Film-Kuratoren verspüren Rückenwind, wissen, was sie wollen, und zeigen sich als Kämpfer für Filmkunst und gesellschaftlich engagiertes Kino. Büttenbender wird noch im Jahr der documenta 5 an die Hochschule für Bildende Künste in Braunschweig berufen, um hier eine Filmklasse zu etablieren. Mit ihm wird „zum ersten Mal [...] Film als Kunst an einer Hochschule etabliert.“[35] In Braunschweig installiert Büttenbender eine „Kaderschmiede“ des Experimentalfilms, schafft Freiräume für radikale künstlerische Ideen und unkonventionelle Gestaltung. Zahlreiche Filmkünstler, wie Uli Plank oder Björn Melhus, werden aus der „Braunschweiger Schule“ hervorgehen. Die Filmklasse wird seit 2006 von Michael Brynntrup geleitet.

Und Sigurd Hermes liest um die Jahreswende 1973/74 die Stellenausschreibung der Stadt Hannover, sieht seine Chance, hier etwas völlig Neues aufzubauen, und bewirbt sich. Schnitt.

„Die Geburt des Kinos“

Aufblende. Der erste Programmflyer des Koki Hannover für den Monat Oktober 1974,

in Schwarz-Blau gehalten, lädt ein zum Eröffnungsfest am 12.10.74 ab 18 Uhr im Freizeitheim Vahrenwald. Und ganz oben, an erster Stelle im Programmablauf, heißt es: „Die Geburt des Kinos“ – präsentiert werden, wie sollte es anders sein, „die ersten Filmstreifen“ der Gebrüder Lumière.[36] Im Rückblick, nach nunmehr einem halben Jahrhundert, vermag man an dieser Stelle auch ein leises, aber stolzes Statement zu lesen: Die Geburt des Koki Hannover ist vollbracht! Und das war keine leichte Geburt ...

Noch in der Sitzung des Kulturausschusses am 4. Februar 1974 ist die Gründung eines Koki grundsätzlich und parteiübergreifend zwar nicht mehr strittig, doch die Diskussion um die konkrete Ausgestaltung lässt die „Geburtswehen“ erahnen.

Ratsherr Dr. Scheel von der CDU fordert „eine Überprüfung der Arbeit des Kommunalen Kinos nach 2 Jahren festzulegen und daher wolle sie [die CDU, der Verf.] von einem kommunalpolitischen Experiment sprechen.“ Hermann Beddig von der SPD „sprach sich dagegen aus, das Kommunale Kino als [...] Experiment zu bezeichnen. Er wies darauf hin, dass es sehr schwer werden würde, einen Leiter für eine befristete Zeit zu finden.“ Weitere Stimmen werden laut, die das Koki als eine „langfristige Zukunftsaufgabe“ sehen wollen und es für bedenklich halten, den ganzen Ansatz „als Experiment zu degradieren“. Darüber hinaus beherrscht die Spielstätten-Debatte die Diskussion. Kann man eine Koki-Veranstaltung mit Film und Nachgespräch in einem Freizeitheim durchführen, wenn dieses bereits „um 23 Uhr geschlossen“ wird? Und die SPD-Fraktion will eine endgültige Entscheidung eigentlich erst dann treffen, „wenn eine zentrale Spielstätte zur Verfügung stehe.“[37]

Doch ganz wesentlich, mit Blick auf die folgenden und unruhigen ersten Jahre des Koki, erscheint ein kaum unterschwelliger Vorbehalt auf der konservativen Seite des Rates. Dieser spiegelt sich sehr deutlich in einem Änderungsantrag der CDU-Fraktion zum zu gründenden Beirat. Der Formulierungsantrag, „ein Beirat aus Vertretern des Filmfachs und der Öffentlichkeit fördert und überwacht die Tätigkeit des Kommunalen Kinos, insbesondere im Hinblick auf die Erfüllung pluralistischer Maßstäbe“, wird allerdings „mit 3 gegen 6 Stimmen abgelehnt“.[38]

Die Einhaltung pluralistischer Maßstäbe soll von Beginn an überwacht werden. Die Kommunalen Kinos, die in der ersten Hälfte der 1970er Jahren gegründet werden, sind natürlich Ausdruck einer gesellschafts- und kulturpolitischen Entwicklung, die im Anschluss an „68“ als „sozialdemokratisches Jahrzehnt“ ihren Anfang nimmt, um sich dann in sog. „Neue Soziale Bewegungen“ und diverse alternative Milieus zu verwandeln. Die alternativen und ausdrücklich nicht kommerziellen Kinos verstehen sich von Beginn an als Orte, an denen künstlerisch avanciertes und inhaltlich emanzipatorisches Filmschaffen auf die Leinwand gebracht wird. Die Forderung der CDU nach Überwachung des Pluralismus kann hier als politisch durchaus nachvollziehbarer Versuch verstanden werden, ein linkes Projekt bereits im Vorfeld etwas einzudämmen.

Als der Kulturausschuss Ende Mai 1974 erneut zusammenkommt, ist das Koki bereits „auf dem Weg“ und die Personalentscheidung ist gefallen. „Da einige sehr gute Bewerbungen eingegangen seien, falle die Auswahl schwer. Der Bewerber Hermes mache aufgrund seiner bisherigen Tätigkeit und seines Auftretens den besten Eindruck“, heißt es im Protokoll.[39]

Aber auch der Filmbeirat wird in dieser Ausschusssitzung vorgestellt und der Ratsversammlung anempfohlen. Neben den „drei Mitgliedern des Rates, die von diesem zu benennen sind,“ werden folgende „sechs sachverständige Persönlichkeiten“ zur Besetzung vorgeschlagen: Wilfried Gerchel, „Pädagogischer Leiter

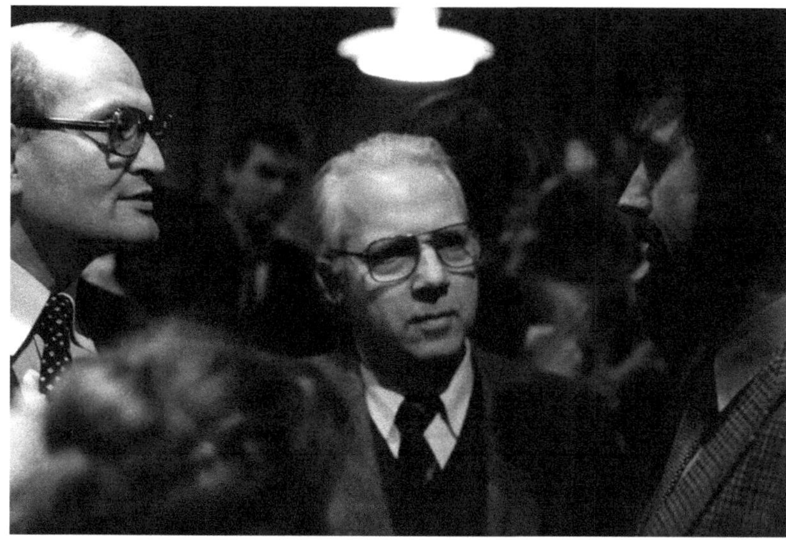

Herbert Schmalstieg, Hermann Beddig (Mitte), Harald Böhlmann

der Stadtbildstelle, Organisator von Filmseminaren und Schulfilmveranstaltungen“, Carl Küster, „ehemaliger Vorsitzender des Filmclubs Hannover, Mitglied der Landesarbeitsgemeinschaft der Jugendfilmclubs, [...] langjähriges Mitglied der Filmbewertungsstelle Wiesbaden“, Alfred Paffenholz, „Redakteur beim NDR Hannover (Kulturelles Wort), früher verantwortlicher Redakteur des katholischen Filmdienstes, [...] Leiter von Filmseminaren an der Volkshochschule Hannover“, Ilke Porath, „Fotografin, 3 Jahre Redaktionsassistentin für die Zeitschrift ‚Film‘ (Friedrich-Verlag), Leiterin des KO-Kinos Anfang der 70er Jahre, z. Z. Redakteurin bei der HAZ (Bildredaktion)“, Dirk Tils, „Redakteur bei der HAZ (FilmFeuilleton, Bereich Film), [...] Engagierter Filmkritiker“, Wolfgang Tschechne, „Feuilleton-Chef der NHP, als Redakteur langjährige Erfahrungen in der Filmkritik, [...] Moderator bei den ‚Look Inns‘ der NHP, in denen Probleme des Films, insbesondere des Kommunalen Kinos, behandelt wurden.“[40] Zum ersten Vorsitzenden des Beirates wird auf seiner ersten Sitzung der SPD-Ratsherr Hermann Beddig gewählt.

Der Beirat „steht“, das Koki kommt, und Sigurd Hermes tritt am 1. Juli 1974 seinen neuen Job an. Was er nach eigener Einschätzung bei seinem Amtsantritt in Hannover, aber letztendlich auch in ganz Niedersachsen vorfindet, ist eine filmkulturelle Einöde. Und diese spiegelt sich noch dazu – zumindest zu Beginn seiner Dienstzeit – in seinem Büro, das weder mit einem Schreibtisch noch einem Stuhl ausgestattet ist; seine Arbeit erledigt er in den ersten Wochen vom Fußboden aus, das Telefon steht auf einer Blumenbank. Und für die nächsten fünf Jahre sollte das Koki ja auch über keine feste Spielstätte verfügen. Die notwendig mobile Kinoarbeit wird in Mehrzweckräumen einiger Freizeitheime sowie im Apollo-Kino in Hannover-Linden stattfinden.[41]

Ende August 1974 stellt Hermes seinen ersten, nicht gerade bescheidenden Spielplanentwurf vor. Er umfasst u. a. Retrospektiven der Filme von Friedrich Wilhelm Murnau ebenso wie von Russ Meyer. Eine Werkschau von Klaus Wyborny steht neben einer Filmreihe zum Trümmerfilm, zum deutschen Nachkriegskino, auf seinem Wunschzettel.[42]

Murnau und der Trümmerfilm setzen einen klaren und sofort nachvollziehbaren Akzent; deutsche und internationale Filmgeschichte gehören ganz zentral ins Portfolio eines Kommunalen Kinos.

Aber die Entscheidung für Russ Meyer ist mehr als ein deftiges Statement.

Meyer wird in den 60er Jahren berühmt und erfolgreich mit seinen Camp-Sexploitation-Filmen, die als weibliche Hauptfiguren in der Regel Frauen mit extrem großen „Oberweiten“ besetzen und die sich zuerst als Pornografie auf dem Index wiederfinden, bevor sich der Blick auf diese Produktionen ändert und relativiert. Gleich zum Auftakt also ein Affront gegen eine allzu „gemütliche“ Auffassung von Filmkunst. Für Hermes gehört im

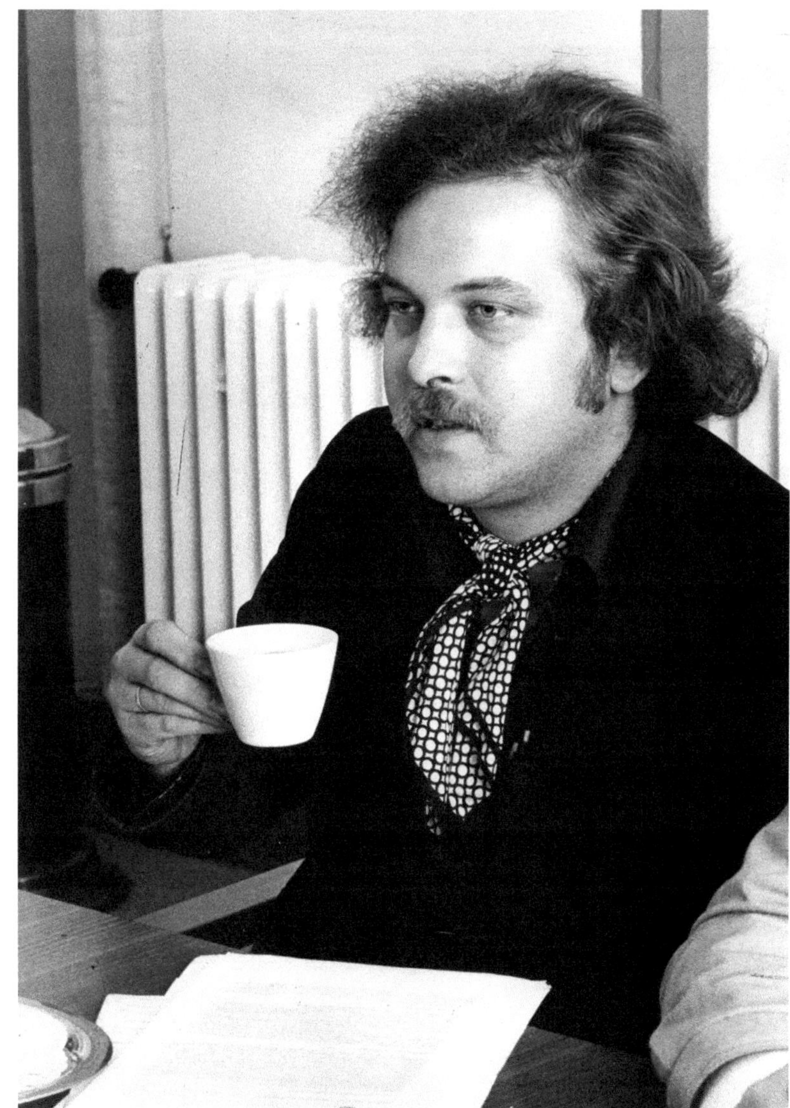

Sigurd Hermes, 1974
© Kommunales Kino

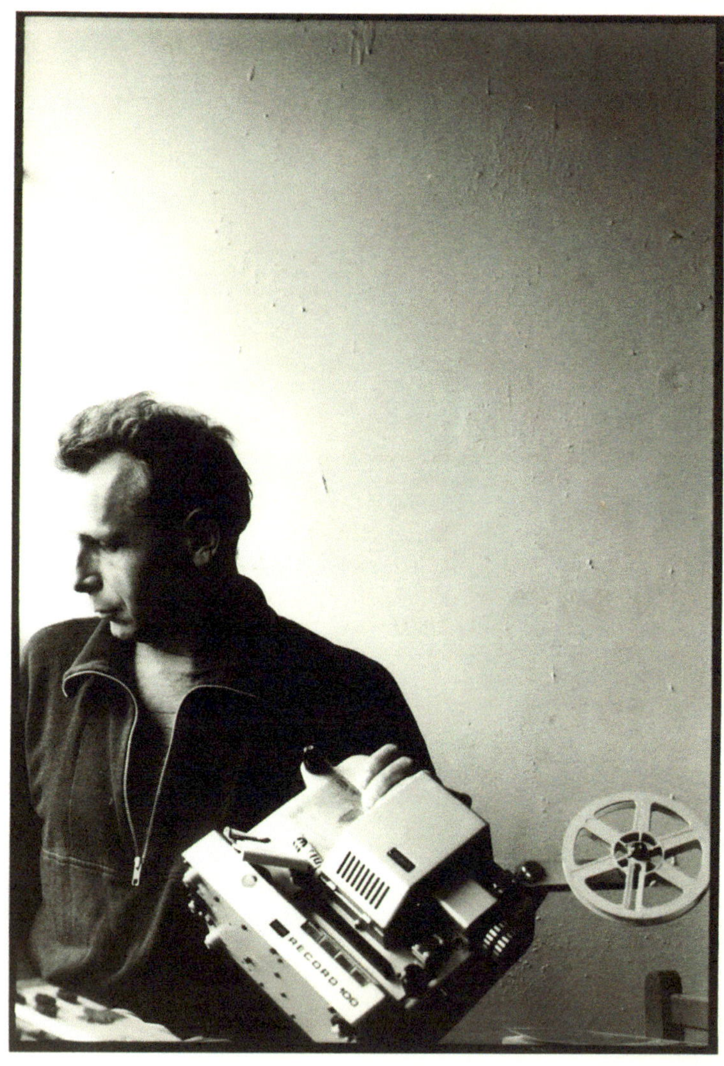

Klaus Wyborny
© Klaus Wyborny

aktuellen und innovativen Film seiner Zeit der experimentelle Bruch mit herkömmlichen Sehgewohnheiten und filmischen Erzählhaltungen ebenso ins Programm und auf die Tagesordnung des Koki wie der gezielte emotionale und moralische Tabubruch, die dunkle und vermeintlich „schmutzige“ Seite des Filmschaffens.

Im Koki-Programmflyer heißt es dann zwei Monate später dazu: „Meyer bastelt seine Primitivfilme ohne jede Kunstbeflissenheit. [...] Diese Unbekümmertheit der Realität gegenüber gibt ihm zusammen mit der extremen Simplifizierung von Handlung und Charakteren, mit der Reduzierung des Lebens auf einige simple Grundtriebe eine große Gelassenheit seinem Material gegenüber. [...] [D]as Geflecht von Brutalität und Sex, von Mordlust und Schizophrenie erreicht bisweilen eine beängstigende Dichte und steht nicht ohne Bezug zur amerikanischen Wirklichkeit.“[43] Im September-Programm 1976 heißt es im Anschluss an Zitate aus Adornos „Erziehung nach Auschwitz“ und Marx’ Pariser Manuskripten: „Die Filme von Russ Meyer spiegeln die Entfremdung des Menschen vom Menschen, sie sind Protokolle der psychischen Verelendung der Massen. Sie zeigen die Kälte und die Einsamkeit isolierter Konkurrenten“.[44]

Und dann Klaus Wyborny. Mitinitiator der Hamburger Filmmacher Cooperative, der sich dem Experimentalfilm und dem Undergroundkino verschrieben hat. Absehbar stellen auch seine Filme eine Herausforderung für das breite Publikum dar. Im Programmflyer des Koki für den Oktober 1974 wird daher begleitend und quasi präventiv ein Text des Koki Frankfurt zur angekündigten Wyborny-Werkschau zitiert:

„Die Hauptgründe für die immer wieder vorkommenden aggressiven Reaktionen der Zuschauer auf Avantgardefilme dürften in den exotischen Erwartungen, die die Filme dann natürlich nicht erfüllen, sowie in der zerstückelten, historischer und struktureller Kontinuität ermangelnden Präsentationsweise liegen [...] Erst kürzlich traf wieder Werner Nekes’ letzter Film ‚Diwan‘ auf ein völlig verständnisloses Publikum. [...] Vielleicht ist es sinnvoller,

Avantgardefilme zunächst nur in ihrem eigenen Zusammenhang zu zeigen. […] Wybornys Filme verlangen nichts anderes vom Zuschauer, als dass man bereit ist, sich überhaupt ihrer Erfahrung zu unterziehen; Selbstbestätigung – leider immer noch die einzige Funktion etlicher Filme mit politischem Anspruch – können sie allerdings nicht vermitteln. Wenn man sich also geduldig derartige Filme anschaut, wird man schließlich auch in dem Maße, in dem sich der Blick schärft, feststellen, dass sie keineswegs durch Welten von anderen Filmen getrennt sind. […] Je genauer man sich auf sie einlässt, je mehr man versucht, das zu durchstoßen, was einen heute zunächst von ihnen trennt, desto reicher sind die Erfahrungen, die man mit ihnen machen kann, desto mehr kann man auch über die Geschichte des Kinos lernen."[45]

Was übrigens Meyer und Wyborny über das Koki-Programm hinaus verbindet? Sie sind beide 1972 auf der documenta 5 mit einem Auswahlprogramm vertreten. Hermes bringt natürlich seine Expertise und seine Kontakte mit nach Hannover. Und gleich zu Beginn ist klar: Er hat sich für das Koki Hannover einiges vorgenommen.

So verwundert es nicht, dass der NDR-Kulturredakteur Alfred Paffenholz als Mitglied des Filmbeirates zur Vorsicht mahnt, „man müsse da taktisch vorgehen. Die Menschen dürfen zu Beginn nicht überfordert werden mit allzu anspruchsvollen Filmen. Leicht Verständliches sei besser für den Start des Kommunalen Kinos." Und zum geplanten Trümmerfilmprogramm gibt er zu bedenken, „dass diese Art Filme nicht unbedingt von jedem gut zu verdauen seien. Man sollte auch den unterhaltsamen Film berücksichtigen." Beiratsfrau Ilke Porath entgegnet, „man dürfe nicht zu pädagogisch werden, es gäbe sicher Leute, die Filme von Russ Meyer oder Murnau sehr gut verstehen und Interesse daran haben."[46]

Hier setzt, noch bevor überhaupt ein Film gelaufen ist, ein Diskurs ein, der die Arbeit des Koki über die nächsten Jahre und Jahrzehnte begleiten wird. Filmkunst im Kino: ein Balanceakt zwischen Anspruch und Publikumserwartungen, sprich: Publikums-

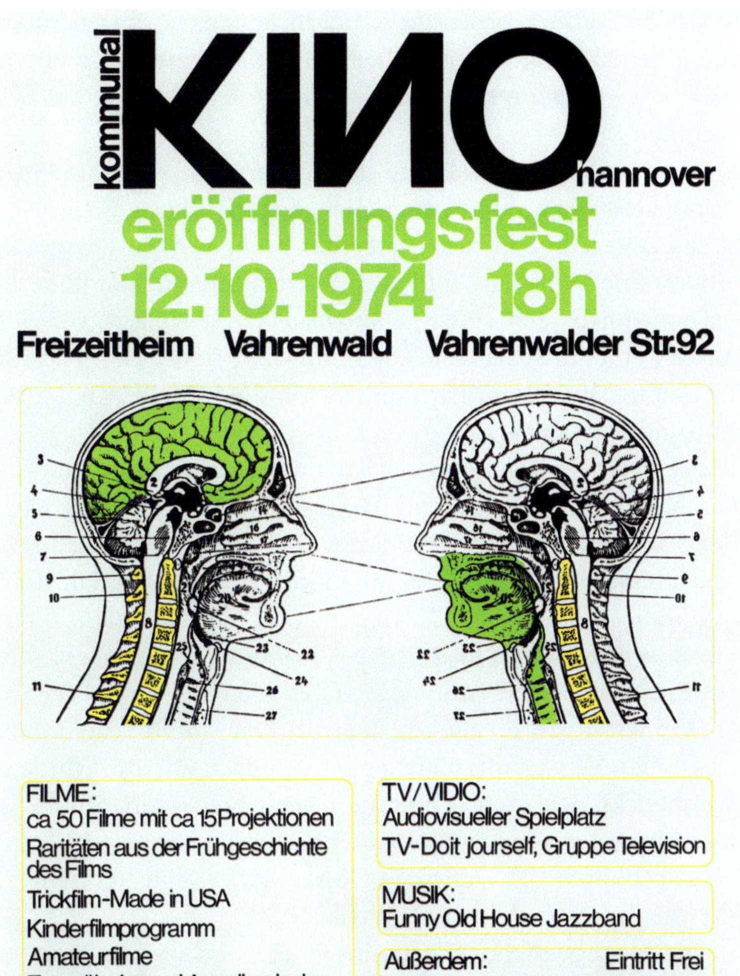

Plakat zur Eröffnung
© Kommunales Kino

zuspruch. Hermes' geplantes Länderprogramm China wird vom Beirat der ersten Stunde mehrheitlich kritisch gesehen, kontrovers diskutiert und dann erst einmal zurückgestellt.[47] Die Arbeit kann beginnen …

Am 12. Oktober 1974 wird das Freizeitheim Vahrenwald zum „Kinopalast". Film in allen Räumen, auf allen Etagen. 15 Projektionen zeigen 50 Filme: Raritäten der Frühgeschichte, Trick- und Kinderfilme, Amateur- und Avantgardefilme, Künstlerfilme und vieles mehr. Es gibt einen „audiovisuellen Spielplatz", Getränke, Speisen und Luftschlangen. Die Funny Old House Jazzband sorgt für den musikalischen Part, und es gilt die Devise: „Kinder bitte mitbringen".[48]

Die Presse in Hannover begleitet den Start des Koki mit einer Mischung aus interessiertem Wohlwollen und leicht hämischer Skepsis. „Jetzt flimmert es kommunal", titelt die Neue Hannoversche Presse und entdeckt beim Eröffnungsfest „Filmkunstsachverständige", aber auch Menschen, „die über Filmkunst mehr wissen wollten, als es historische Abhandlungen aussagen. Allein die ‚Puste-Schlangen' (mit eingebauten Flöten), die von der Stadt zu Hunderten am Eingang verteilt wurden, waren Schuld daran, dass es den Veranstaltern nicht ganz gelungen war, die Würde des Augenblicks, den Taufakt und die anschließende Non-Stop-Schau der vielen interessanten Kostbarkeiten aus der Frühgeschichte des Films gebührend zu verfolgen. Kurz, es herrschte während der Filmvorführungen […] ein Höllenlärm."[49]

Die Hannoversche Allgemeine erlebt ein „ganzes Haus voll Kino" und eine „Multi-Schau zum Null-Tarif". „Die ganze große Eingangshalle voll von Menschen, links eine Leinwand für Filme der internationalen Avantgarde, daneben Gemüsesuppe, rechts Sekt und Bier am Tresen, gegenüber das Halogenlicht einer Mannschaft mit handlichen Fernsehkameras. Die kam aus Darmstadt und nannte sich Telewissen, doch was sie vermittelte war nicht viel mehr als das Erlebnis, das jeder Supermarktkunde schon zur Genüge kennt – sich nämlich selber auf dem Bildschirm zu betrachten." Endlich wurde es dunkel, „und die Fabrikarbeiterinnen der Gebrüder Lumière strömten aus dem Tor – in einer der ersten Filmaufnahmen der Geschichte. Auch der erste Western wurde gezeigt und der erste Trickfilm, während in einem Nebenraum das New American Cinema (von 1970) lief, und später sah man die Geschichten vom Kübelkind, die Ula Stöckl und Edgar Reitz vor wenigen Jahren eigens für solche Arten von Kino gedreht haben. Das Freizeitheim Vahrenwald, […] eine der drei Spielstellen des Kommunalen Kinos Hannover, zeigte seine alten Schwächen (Tonschwankungen, mangelhaftes Projektionslicht bei 16-Millimeter-Kopien, immer ein diffuser Bildrand und Spiegelungen an der Decke)".[50]

Da wird der Finger genüsslich in die Wunde gelegt, dass das neu gegründete Koki ohne eigene Spielstätte an den Start gehen und vorläufig mit den durchaus unzulänglichen Mehrzweckräumlichkeiten der städtischen Freizeitheime Vorlieb nehmen muss. Das bringt natürlich erhebliche Abstriche am erhofften Zauber, der ja allem Anfang, auch dem Anfang eines Kommunalen Kinos, innewohnt. Das wird Hermes wissen, als er in Hannover antritt.

Und auch die Formulierung, dass es Filme gibt, die eigens „für solche Arten von Kino" gedreht werden, lässt die Skepsis spüren, die Hermes und seinem kleinen Team hier entgegenschlägt.

Was für eine „Art von Kino" wird das Koki also werden? Zoomen wir heran.

Das Programm der frühen Jahre – 1974–1979[51]

Die Koki-Filmvorführungen der ersten Monate finden regelmäßig an drei wechselnden Orten in unterschiedlichen hannoverschen Stadtteilen statt: dienstags im Freizeitheim Vahrenwald, mittwochs und freitags im Apollo-Kino in Linden und donnerstags im Freizeitheim Ricklingen. „Eintrittspreise: 3,- DM auf allen Plätzen – Studenten, Schüler, Lehrlinge, Wehrpflichtige, Ersatzdienstleis-

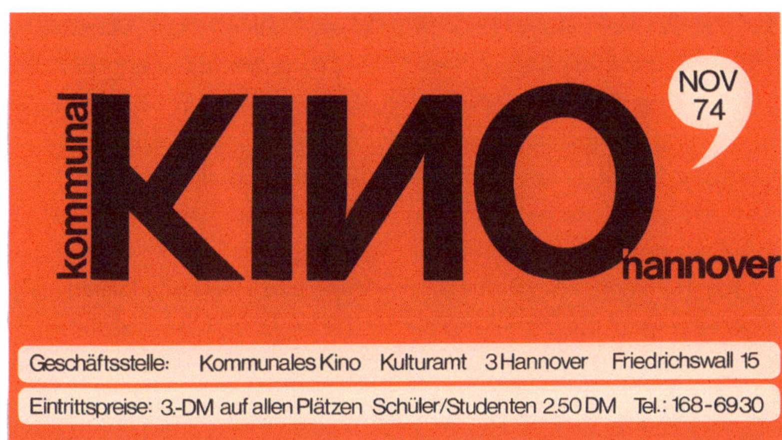

Aus dem Monatsprogramm 11'74
© Kommunales Kino

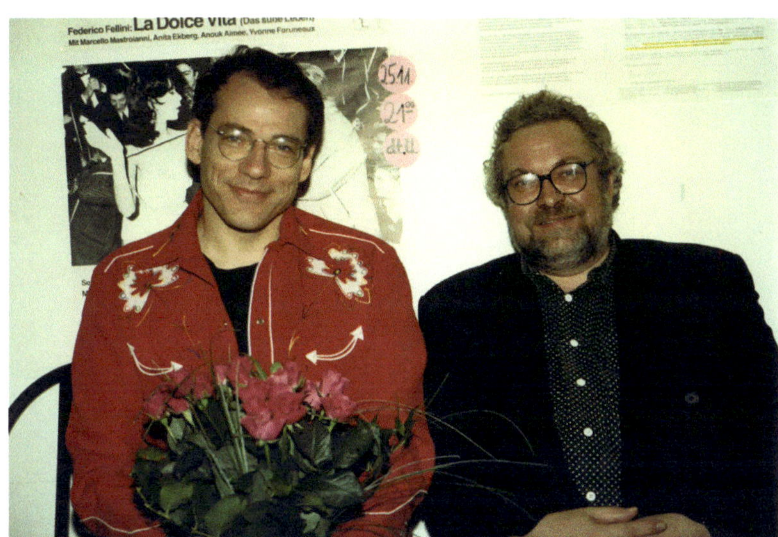

Rosa von Praunheim und Sigurd Hermes, 1979
© Kommunales Kino

tende, Empfänger von Arbeitslosenhilfe und deren Ehegatten und Mitglieder der Volksbühne 2,50 DM. 20,- DM Zehnerkarte für alle Plätze".

Und Hermes zeigt bereits in seinen ersten Monatsprogrammen bis Ende 1974, welch anspruchsvolles und breit gefächertes Programm er bereit und willens ist zu liefern. Noch im Oktober steht mit „Un Chien Andalou" und „L'Age d'Or" Luis Buñuel auf dem Spielplan. Mit einer Reihe zum Poetischen Realismus widmet sich das Koki schon gleich zu Beginn dem französischen Kino – ein kuratorischer Schwerpunkt, den Hermes über die kommenden Jahre beibehalten und weiter fokussieren wird. Zu sehen sind u. a. Filme von René Clair, Jean Renoir und Jean Vigo. Dessen „Zéro de Conduite – Betragen ungenügend" aus dem Jahr 1933 läuft im November 74 in hannoverscher Erstaufführung. Der großen Marlene Dietrich „schenkt" das Koki zu ihrem 73. Geburtstag (sic!) eine filmische Hommage. Aber auch der amerikanische Piratenfilm wird mit einer kleinen Reihe von Filmen aus den 40er und 50er Jahren gefeiert, in denen Tyrone Power, Errol Flynn und Anthony Quinn Segel setzen und durch die Wanten schwingen, um Maureen O'Hara zu beeindrucken.

Und natürlich ist das zeitgenössische Kino gleich von Beginn an auf den Koki-Leinwänden vertreten: Ken Loach, Rainer Werner Fassbinder, das „New American Cinema" eines Kenneth Anger, Rosa von Praunheim – alle nicht zum letzten Mal.

In den Jahren des nomadisierenden Koki bis April 1979 entfaltet Sigurd Hermes trotz der wechselnden, immer auch prekären technisch-räumlichen Situationen das gesamte Spektrum einer kommunalen und kulturellen Kinoarbeit. Projiziert werden 35-mm- und 16-mm-Kopien mit all ihren Herausforderungen, was Bild und auch Ton anbelangt. Blickt man aus heutiger Perspektive auf die Programme der frühen Jahre, dann kann man erahnen, welche kuratorische und organisatorische, aber auch technische Kraftanstrengung das Koki in den 70ern bedeutete.

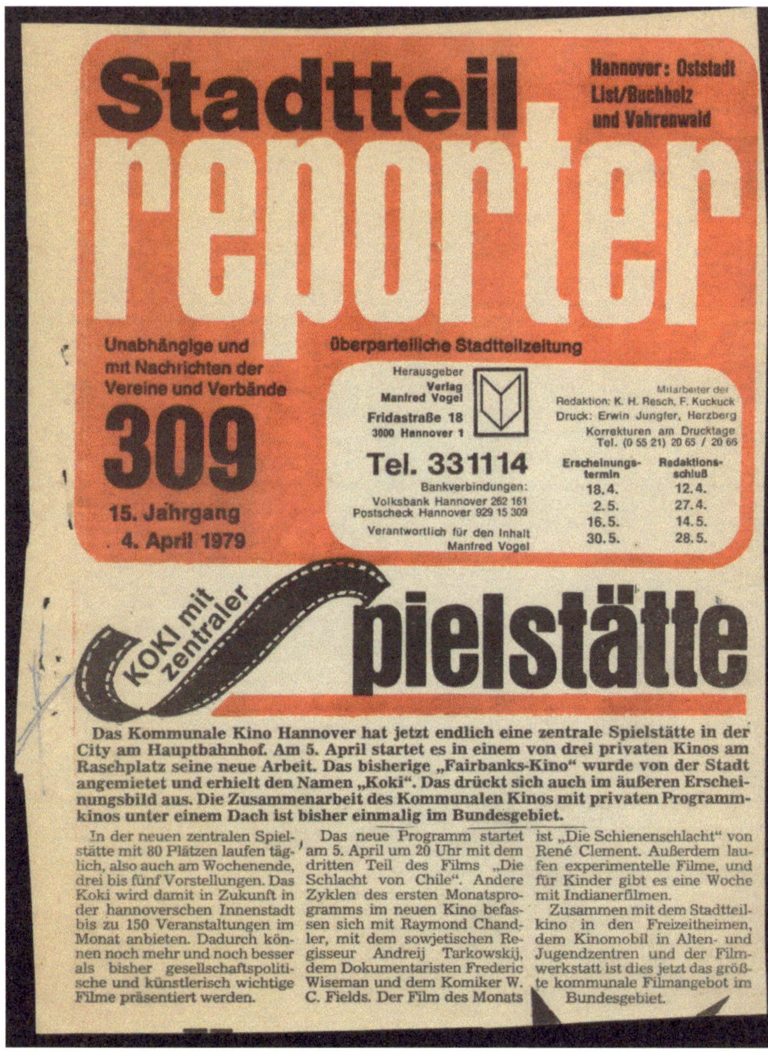

Stadtteil reporter

Hannover: Oststadt List/Buchholz und Vahrenwald

Unabhängige und mit Nachrichten der Vereine und Verbände

überparteiliche Stadtteilzeitung

309

15. Jahrgang
4. April 1979

Herausgeber Verlag Manfred Vogel
Fridastraße 18
3000 Hannover 1
Tel. 331114
Bankverbindungen:
Volksbank Hannover 262 161
Postscheck Hannover 929 15 309
Verantwortlich für den Inhalt Manfred Vogel

Mitarbeiter der Redaktion: K. H. Resch, F. Kuckuck
Druck: Erwin Jungfer, Herzberg
Korrekturen am Drucktage Tel. (0 55 21) 20 65 / 20 66

Erscheinungstermin	Redaktionsschluß
18.4.	12.4.
2.5.	27.4.
16.5.	14.5.
30.5.	28.5.

KOKI mit zentraler Spielstätte

Das Kommunale Kino Hannover hat jetzt endlich eine zentrale Spielstätte in der City am Hauptbahnhof. Am 5. April startet es in einem von drei privaten Kinos am Raschplatz seine neue Arbeit. Das bisherige „Fairbanks-Kino" wurde von der Stadt angemietet und erhielt den Namen „Koki". Das drückt sich auch im äußeren Erscheinungsbild aus. Die Zusammenarbeit des Kommunalen Kinos mit privaten Programmkinos unter einem Dach ist bisher einmalig im Bundesgebiet.

In der neuen zentralen Spielstätte mit 80 Plätzen laufen täglich, also auch am Wochenende, drei bis fünf Vorstellungen. Das Koki wird damit in Zukunft in der hannoverschen Innenstadt bis zu 150 Veranstaltungen im Monat anbieten. Dadurch können noch mehr und noch besser als bisher gesellschaftspolitische und künstlerisch wichtige Filme präsentiert werden.

Das neue Programm startet am 5. April um 20 Uhr mit dem dritten Teil des Films „Die Schlacht von Chile". Andere Zyklen des ersten Monatsprogramms im neuen Kino befassen sich mit Raymond Chandler, mit dem sowjetischen Regisseur Andreij Tarkowskij, dem Dokumentaristen Frederic Wiseman und dem Komiker W. C. Fields. Der Film des Monats ist „Die Schienenschlacht" von René Clement. Außerdem laufen experimentelle Filme, und für Kinder gibt es eine Woche mit Indianerfilmen.

Zusammen mit dem Stadtteilkino in den Freizeitheimen, dem Kinomobil in Alten- und Jugendzentren und der Filmwerkstatt ist dies jetzt das größte kommunale Filmangebot im Bundesgebiet.

Stadtteilreporter vom 4.4.1979
(Stadtarchiv Hannover)

Das unterstreicht die Meldung im August-Programm 1975: „Das Kommunale Kino hat die Spielstelle im Freizeitheim Ricklingen auf Grund der filmtechnischen Mängel (schlechte Akustik, zu kleine Leinwand) aufgegeben. Das bedeutet, dass zur Zeit der Donnerstag als fester Spieltag entfällt. Es wird [...] nach einer neueren und besseren Lösung [...] gesucht. [...] Durch diesen Vorgang hat sich aber das Gesamtangebot nicht reduziert. Das Kommunale Kino hat die Aktivitäten der kinomobilen Arbeit erheblich erweitert."

Im Rahmen von Reihen, Werkschauen, Retrospektiven oder Reprisen wird die frühe und mittlere Filmgeschichte auf die Leinwände der Freizeitheime und des Apollo-Kinos geholt:

Zu sehen sind Filme von Sergej Eisenstein, Wsewolod Pudowkin, Djiga Vertov, Charles Chaplin, D. W. Griffith, Buster Keaton, aber auch von John Ford und Orson Welles, von Fritz Lang, Asta Nielsen, Karl Valentin. Spezielle Reihen präsentieren „Makabre Filme – Raritäten des Grusel-, Horror- und Terrorfilms 1925–1933", die „Dämonische Leinwand" oder auch ein Programm mit dem vielsagenden Titel „Fliegende Torten". Im November 1978 widmet sich das Koki ganz dezidiert und an mehreren Abenden der Geschichte des Films, den Anfängen in den USA, in Frankreich und England, den Erfindern und Pionieren. Eine kritisch beleuchtete Reihe „Spielfilm im Dritten Reich" wird kontrastiert mit einer kleinen Werkschau von Wolfgang Staudte.

Das Koki erfüllt seinen Auftrag, kontextualisiert, schafft durch seine Programmierung filmhistorische und inhaltliche Zusammenhänge, wie sie bis zu diesem Zeitpunkt nicht im Kino zu sehen waren. Es gibt: „Film in der Weimarer Republik", „Künstlerische Avantgarde im sowjetischen Stummfilm", „Die Schwarze Serie" oder auch „Frühe Lubitschfilme" mit „Musikbegleitung am Flügel". Eine Retrospektive der fröhlich-anarchischen Marx Brothers wird präsentiert und ist ironisch überschrieben mit „Die Apo von Hollywood" (Apo = Außerparlamentarische Opposition, Studentenbewegung/soziale Bewegung der späten 60er/frühen 70er Jahre, d. Verf.). Im Spätprogramm laufen „Frankensteinfilme". Und das ist längst nicht alles!

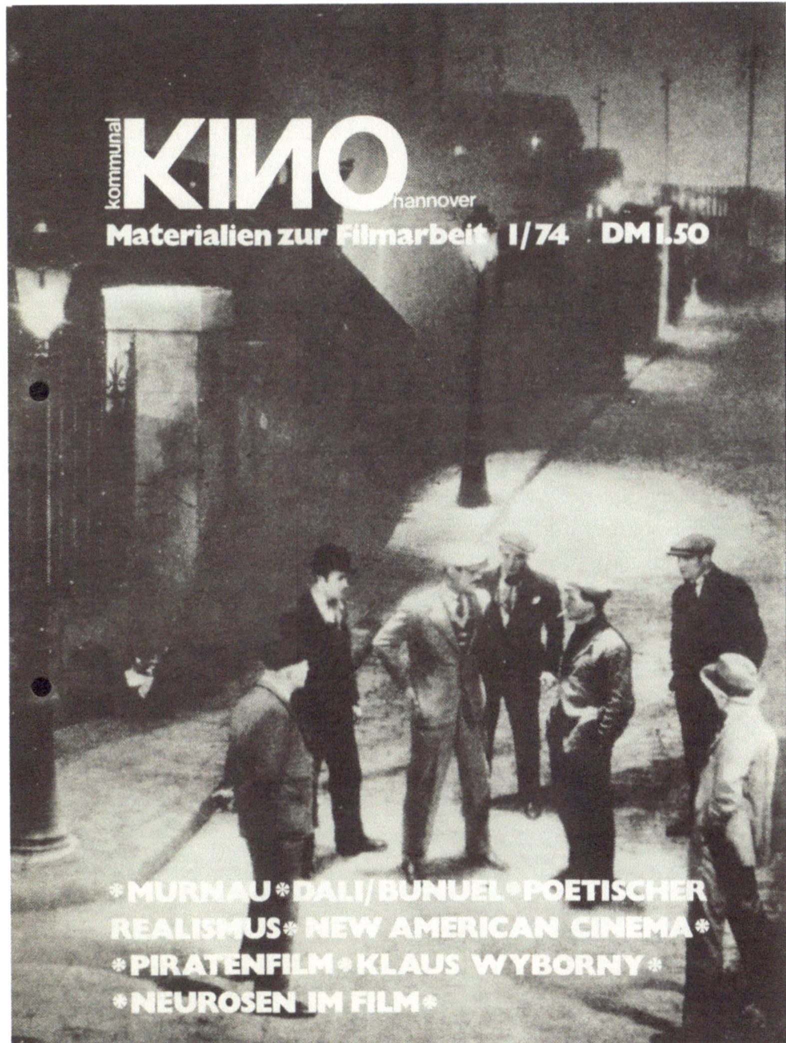

Titel einer Publikation mit Materialien zur Filmarbeit
(Stadtarchiv Hannover)

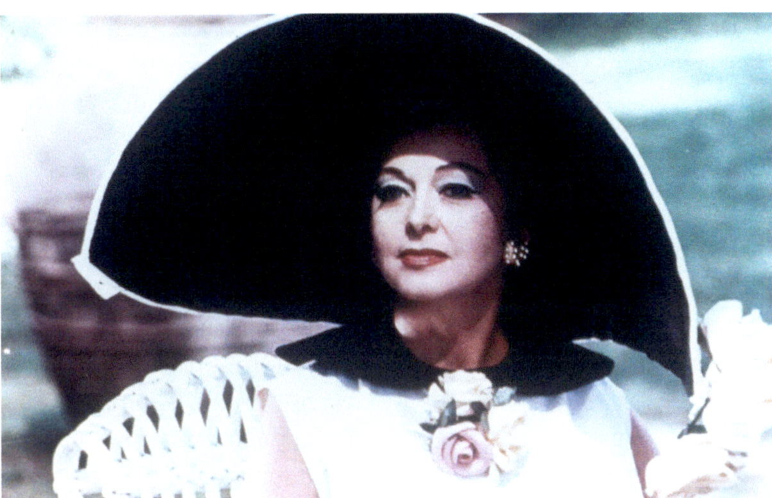

Julia und die Geister / Giuletta degli spiriti, Regie: Federico Fellini
© missing films

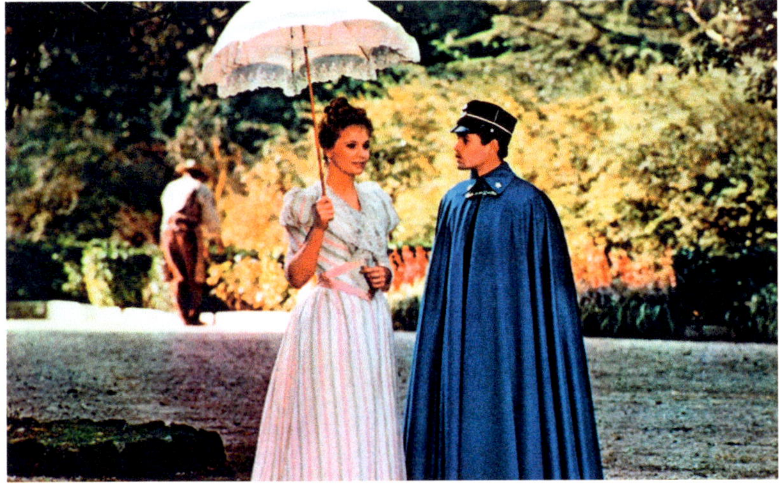

Die Unschuld / L'innocente, Regie: Luchino Visconti
© missing films

Natürlich stehen die jüngere Filmgeschichte und das aktuelle internationale und deutsche Filmkunstschaffen der 70er Jahre auf dem Programm. Hier ist es vor allem das französische Kino, dem Sigurd Hermes erheblichen Platz einräumt: Marcel Carné, Jacques

Tati, Éric Rohmer, Robert Bresson, Jean-Luc Godard und Agnès Varda sind zu sehen. François Truffaut wird eine fast vollständige Retrospektive gewidmet. Neben Frankreich und der Nouvelle Vague kommen die Italiener Luchino Visconti, Federico Fellini, Pier Paolo Pasolini auf die Koki-Leinwände. Weiter: Costa-Gavras, Ingmar Bergman, Fernando Solanas, Nagisa Oshima, Akira Kurosawa, Yılmaz Güney …

Im Januar 1978 präsentiert das Koki stolz den vier Jahre zuvor entstandenen Film „De Cierta Manera – In gewisser Hinsicht“ der kubanischen Regisseurin Sara Gómez. Im Programm heißt es dazu: „Der wichtigste kubanische Gegenwartsfilm. Am Beispiel der Emanzipation der Frau, der Auseinandersetzung mit Resten alter Lebensformen und anhand von Erziehungsproblemen beschreibt und analysiert der Film den Transformationsprozess, der seit der Revolution in der Gesellschaft Kubas stattfindet. […] Sara Gomez: geboren 1943, gestorben kurz nach Vollendung dieses ihres Erstlingsspielfilms 1974, war die einzige Regisseurin des kubanischen Films. De Cierta Manera ist bis heute in Kuba noch nicht gezeigt worden.“ Aber in Hannover!

Der exzentrische Brite Ken Russell wird vorgestellt, natürlich sein Landsmann Alfred Hitchcock; das US-Kino ist vertreten u. a. mit Jerry Lewis, John Huston und Stanley Kubrick – dieser mit einer „Reprise“ im Dezember 1976.

Der junge deutsche Film kommt u. a. mit Helma Sander, Christian Ziewer, Peter Lilienthal, Reinhard Hauff, Werner Herzog, Wim Wenders und Volker Schlöndorff auf die Leinwände in den Hannoverschen Stadtteilen.

Im Dezember 1976 organisiert das Koki im Zusammenspiel mit dem Partnerkino Apollo in Hannover-Linden einen „Vergleich“. Gegenübergestellt wird der junge Schweizer und der junge deutsche Film. Für knapp zwei Wochen stehen täglich drei Filme auf dem Programm. Alain Tanner trifft auf Peter Lilienthal, Johannes Schaaf auf Daniel Schmid, Rainer Werner Fassbinder auf Fredi Murer.

Die folgende, wirklich nur exemplarische Auswahl besonderer Veranstaltungen aus den ersten Koki-Jahren verdeutlicht, wie durch ambitionierte Kuratierung im Rahmen der monatlichen Programme ganz gezielt filmhistorische, biografische, ästhetische oder auch Länder- oder Genre-bezogene Zusammenhänge hergestellt werden.

Juni 1976 –
Gerhard Büttenbender und die politische Filmarbeit

„Seminar Realismus und Realität im engagierten Spielfilm. Ausgewählte Beispiele zur Entwicklung einer visuellen Argumentation

Seit etwa zehn Jahren gibt es neben den kommerziellen Produkten der Kinoindustrie ein ‚anderes Kino‘: Im Zusammenhang mit der internationalen Studentenbewegung entdeckten junge Filmmacher Bedeutung und Wirksamkeit von Filmen für ihre politische Arbeit.

Anfangs waren diese Versuche, politisches Engagement in Filmen auszudrücken und zu vermitteln, von dogmatischer Strenge geprägt. […] Erst in der Folge der Realismusdiskussion, etwa seit 1970, bemühten sich politisch orientierte Filmmacher um ‚volkstümliche‘ Themen […] In der Auseinandersetzung mit der realistischen Arbeitsweise wurde die Tradition des realistischen Filmschaffens neu entdeckt. Nach dem Vorbild sowjetischer und deutscher Filme aus den 20er und 30er Jahren entwickelten Filmmacher aus der BRD und aus West-Berlin eine visuelle Argumentationsform, die den politischen Inhalt mit einer angemessenen künstlerischen Form verbindet. […] Es ist unsere Absicht, durch dieses Seminar das Interesse für die politische Filmarbeit zu wecken und zu vertiefen. […]

Gerhard Büttenbender“.

Februar 1977 – ein Wochenendseminar über Zensur

„Wirkungsformen der Filmzensur

Staatsanwälte beschlagnahmen Filme (Pasolini, Oshima), Förderungsgelder werden nicht bewilligt (Fassbinder), Regisseure wer-

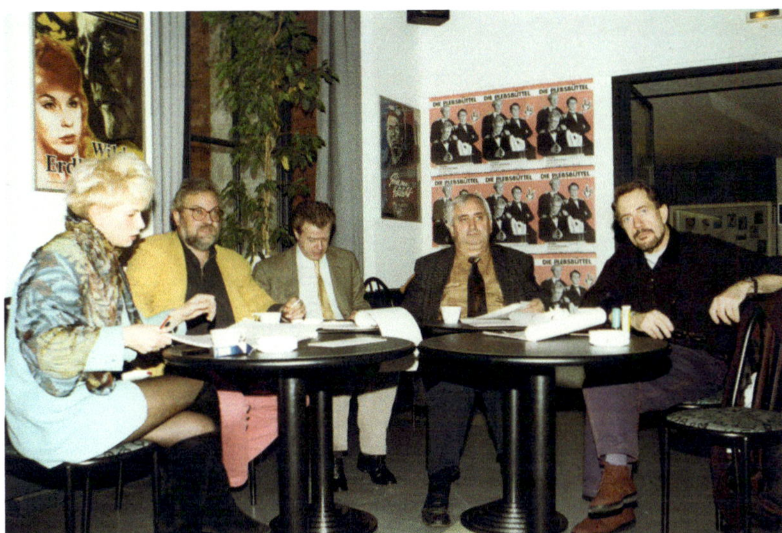

von links: Christiane Scheer, Sigurd Hermes, Eckard Schneider, Hans Werner Dannowski, Gerhard Büttenbender
© Kommunales Kino

den der politischen Tendenz ihrer Filme wegen an den Rand des wirtschaftlichen Ruins getrieben (‚Urbs 71') – solche mehr oder minder spektakulären Fälle haben das Thema ‚Filmzensur' in den vergangenen Monaten erneut aktuell werden lassen. In einem Seminar wollen wir uns mit Geschichte und Methodik der Filmzensur in Deutschland und in den USA beschäftigen."

Mai 1977 – drei Tage und sechs Vorführungen am Stück: Eisensteins Panzerkreuzer Potemkin

„Vor kurzem wurde in der UdSSR von dem sowj. Eisenstein-Experten Naum Kleemann anhand verschiedener Kopien und im Vergleich mit den ursprünglichen Montagelisten eine authentische Fassung des Panzerkreuzer Potemkin rekonstruiert, die etwa 50 Einstellungen mehr enthält als die bisher bekannten Versionen.

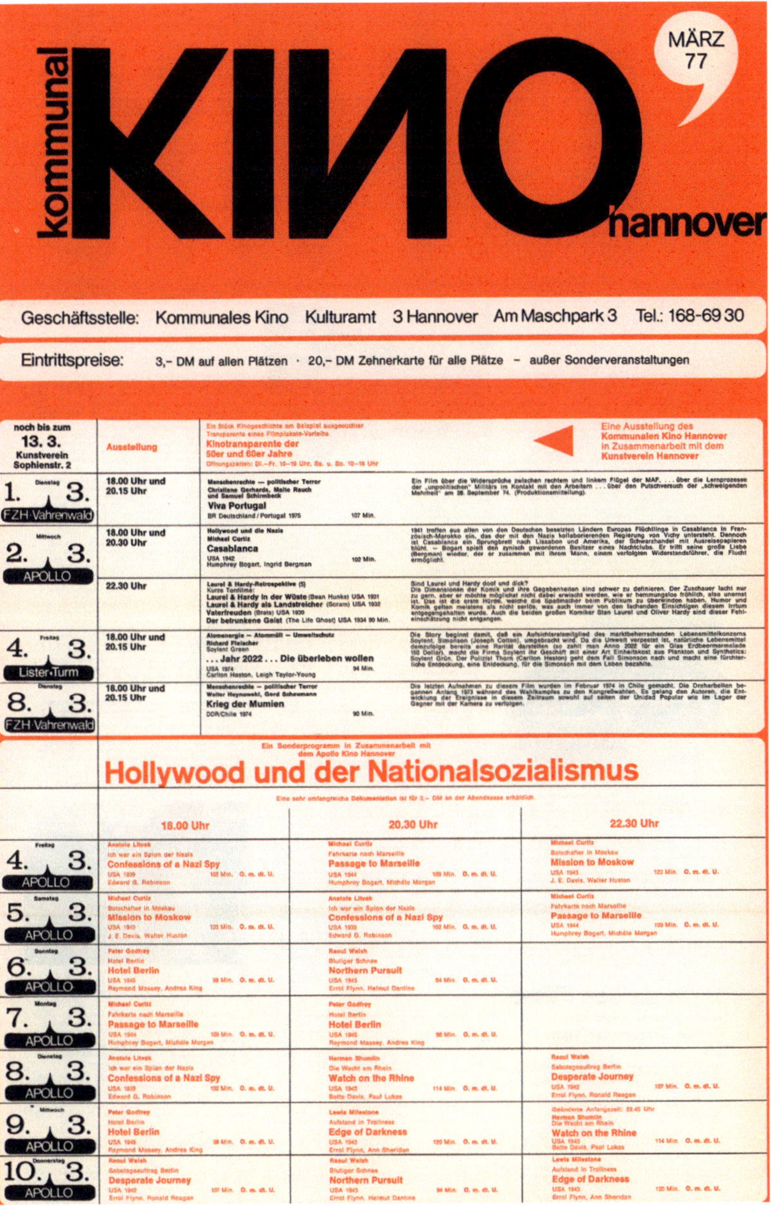

kommunal KINO hannover

MÄRZ 77

Geschäftsstelle: Kommunales Kino Kulturamt 3 Hannover Am Maschpark 3 Tel.: 168-69 30

Eintrittspreise: 3,– DM auf allen Plätzen · 20,– DM Zehnerkarte für alle Plätze – außer Sonderveranstaltungen

noch bis zum 13. 3. Kunstverein Sophienstr. 2	Ausstellung	Ein Stück Kinogeschichte am Beispiel ausgesuchter Transparente eines Filmplakate-Verleihs **Kinotransparente der 50er und 60er Jahre** Öffnungszeiten: Di.–Fr. 10–19 Uhr, Sa. u. So. 10–16 Uhr	Eine Ausstellung des Kommunalen Kino Hannover in Zusammenarbeit mit dem Kunstverein Hannover
Dienstag 1. 3. FZH-Vahrenwald	18.00 Uhr und 20.15 Uhr	Menschenrechte — politischer Terror Christiane Gerhards, Malte Rauch und Samuel Schirmbeck **Viva Portugal** BR Deutschland / Portugal 1975 107 Min.	Ein Film über die Widersprüche zwischen rechtem und linkem Flügel der MAF, ... über die Lernprozesse der „unpolitischen" Militärs im Kontakt mit den Arbeitern ... über den Putschversuch der „schweigenden Mehrheit" am 28. September 74. (Produktionsmitteilung).
Mittwoch 2. 3. APOLLO	18.00 Uhr und 20.30 Uhr	Hollywood und die Nazis Michael Curtiz **Casablanca** USA 1942 102 Min. Humphrey Bogart, Ingrid Bergman	1941 treffen aus allen von den Deutschen besetzten Ländern Europas Flüchtlinge in Casablanca in Französisch-Marokko ein, das der mit den Nazis kollaborierenden Regierung von Vichy untersteht. Dennoch ist Casablanca ein Sprungbrett nach Lissabon und Amerika, der Schwarzhandel mit Ausreisepapieren blüht. – Bogart spielt den zynisch gewordenen Besitzer eines Nachtclubs. Er trifft seine große Liebe (Bergman) wieder, der er zusammen mit ihrem Mann, einem verfolgten Widerstandsführer, die Flucht ermöglicht.
	22.30 Uhr	Laurel & Hardy-Retrospektive (5) Kurze Tonfilme: **Laurel & Hardy in der Wüste** (Bean Hunks) USA 1931 **Laurel & Hardy als Landstreicher** (Scram) USA 1932 **Vaterfreuden** (Brats) USA 1930 **Der betrunkene Geist** (The Life Ghost) USA 1934 90 Min.	Sind Laurel und Hardy doof und dick? Die Dimensionen der Komik und ihre Gegebenheiten sind schwer zu definieren. Der Zuschauer lacht nur zu gern, aber er möchte möglichst nicht dabei erwischt werden, wie er hemmungslos fröhlich, also unernst ist. Das ist die erste Hürde, welche die Spaßmacher beim Publikum zu überwinden haben. Humor und Komik gelten meistens als nicht seriös, was auch immer von den lachenden Einsichtigen diesem Irrtum entgegengehalten wurde. Auch die beiden großen Komiker Stan Laurel und Oliver Hardy sind dieser Fehleinschätzung nicht entgangen.
Freitag 4. 3. Lister-Turm	18.00 Uhr und 20.15 Uhr	Atomenergie – Atommüll – Umweltschutz Richard Fleischer Soylent Green **... Jahr 2022 ... Die überleben wollen** USA 1974 94 Min. Carlton Heston, Leigh Taylor-Young	Die Story beginnt damit, daß ein Aufsichtsratsmitglied des marktbeherrschenden Lebensmittelkonzerns Soylent, Simonson (Joseph Cotten), umgebracht wird. Da die Umwelt verpestet ist, natürliche Lebensmittel demzufolge bereits eine Rarität darstellen (so zahlt man Anno 2022 für ein Glas Erdbeermarmelade 150 Dollar), macht die Firma Soylent ihr Geschäft mit einer Art Einheitskost aus Plankton und Synthetics: Soylent Grün. Der Polizist Thorn (Carlton Heston) geht dem Fall Simonson nach und macht eine fürchterliche Entdeckung, eine Entdeckung, für die Simonson mit dem Leben bezahlte.
Dienstag 8. 3. FZH-Vahrenwald	18.00 Uhr und 20.15 Uhr	Menschenrechte – politischer Terror Walter Heynowski, Gerd Scheumann **Krieg der Mumien** DDR/Chile 1974 90 Min.	Die letzten Aufnahmen zu diesem Film wurden im Februar 1974 in Chile gemacht. Die Dreharbeiten begannen Anfang 1973 während des Wahlkampfes zu den Kongreßwahlen. Es gelang den Autoren, die Entwicklung der Ereignisse in diesem Zeitraum sowohl auf seiten der Unidad Popular wie im Lager der Gegner mit der Kamera zu verfolgen.

Ein Sonderprogramm in Zusammenarbeit mit dem Apollo Kino Hannover

Hollywood und der Nationalsozialismus

Eine sehr umfangreiche Dokumentation ist für 3,– DM an der Abendkasse erhältlich.

	18.00 Uhr	20.30 Uhr	22.30 Uhr
Freitag 4. 3. APOLLO	Anatole Litvak Ich war ein Spion der Nazis **Confessions of a Nazi Spy** USA 1939 102 Min. O. m. dt. U. Edward G. Robinson	Michael Curtiz Fahrkarte nach Marseille **Passage to Marseille** USA 1944 109 Min. O. m. dt. U. Humphrey Bogart, Michèle Morgan	Michael Curtiz Botschafter in Moskau **Mission to Moskow** USA 1943 120 Min. O. m. dt. U. J. E. Davis, Walter Huston
Samstag 5. 3. APOLLO	Michael Curtiz Botschafter in Moskau **Mission to Moskow** USA 1943 120 Min. O. m. dt. U. J. E. Davis, Walter Huston	Anatole Litvak Ich war ein Spion der Nazis **Confessions of a Nazi Spy** USA 1939 102 Min. O. m. dt. U. Edward G. Robinson	Michael Curtiz Fahrkarte nach Marseille **Passage to Marseille** USA 1944 109 Min. O. m. dt. U. Humphrey Bogart, Michèle Morgan
Sonntag 6. 3. APOLLO	Peter Godfrey Hotel Berlin **Hotel Berlin** USA 1945 98 Min. O. m. dt. U. Raymond Massey, Andrea King	Raoul Walsh Blutiger Schnee **Northern Pursuit** USA 1943 94 Min. O. m. dt. U. Errol Flynn, Helmut Dantine	
Montag 7. 3. APOLLO	Michael Curtiz Fahrkarte nach Marseille **Passage to Marseille** USA 1944 109 Min. O. m. dt. U. Humphrey Bogart, Michèle Morgan	Peter Godfrey Hotel Berlin **Hotel Berlin** USA 1945 98 Min. O. m. dt. U. Raymond Massey, Andrea King	
Dienstag 8. 3. APOLLO	Anatole Litvak Ich war ein Spion der Nazis **Confessions of a Nazi Spy** USA 1939 102 Min. O. m. dt. U. Edward G. Robinson	Herman Shumlin Die Wacht am Rhein **Watch on the Rhine** USA 1943 114 Min. O. m. dt. U. Bette Davis, Paul Lukas	Raoul Walsh Sabotageauftrag Berlin **Desperate Journey** USA 1942 107 Min. O. m. dt. U. Errol Flynn, Ronald Reagan
Mittwoch 9. 3. APOLLO	Peter Godfrey Hotel Berlin **Hotel Berlin** USA 1945 98 Min. O. m. dt. U. Raymond Massey, Andrea King	Lewis Milestone Aufstand in Trollness **Edge of Darkness** USA 1943 120 Min. O. m. dt. U. Errol Flynn, Ann Sheridan	Geänderte Anfangszeit: 22.45 Uhr Herman Shumlin Die Wacht am Rhein **Watch on the Rhine** USA 1943 114 Min. O. m. dt. U. Bette Davis, Paul Lukas
Donnerstag 10. 3. APOLLO	Raoul Walsh Sabotageauftrag Berlin **Desperate Journey** USA 1942 107 Min. O. m. dt. U. Errol Flynn, Ronald Reagan	Raoul Walsh Blutiger Schnee **Northern Pursuit** USA 1943 94 Min. O. m. dt. U. Errol Flynn, Helmut Dantine	Lewis Milestone Aufstand in Trollness **Edge of Darkness** USA 1943 120 Min. O. m. dt. U. Errol Flynn, Ann Sheridan

März 1977 – Ein Sonderprogramm in Kooperation mit dem Apollo-Kino.
© Kommunales Kino

Diese nunmehr als ‚authentisch' anzusehende Fassung wurde von den Freunden der deutschen Kinemathek mit deutschen Untertiteln versehen (zusätzlich zu den russischen Zwischentiteln).

Es besteht die Möglichkeit, diese Fassung (der eine Musik aus Werken von Schostakowitsch unterlegt wurde) mit der Fassung des Panzerkreuzers mit der Musik von Edmund Meisel aus dem Jahre 1926 zu vergleichen."

Januar 1978 – Thomas Mitscherlich und der politische Spielfilm in Italien

„Diskussionsveranstaltung
Francesco Rosi und der politische Spielfilm in Italien
Gesprächsvorbereitung und Leitung: Thomas Mitscherlich
Eintritt frei

Francesco Rosi kommt aus der Schule des Neorealismus. So war er u. a. Regieassistent bei Viscontis La Terra trema. Rosi ist Süditaliener. Mit ihm und durch ihn wurden Filme über die Mafia zu einem Genre im italienischen Kino. Die Mafia interessiert ihn nicht bloß als Problem der organisierten Kriminalität, sondern als Bestandteil politischer Unterdrückung und Herrschaft über die Armen in Süditalien. Rosi thematisiert die politische Korruption als eine Spielart des Machtkampfes in einer Klassengesellschaft. In seinem letzten Film Die Macht und ihr Preis wie zuvor in Der Fall Mattei beschäftigt Rosi die Frage eines drohenden Staatsstreichs. In der Bundesrepublik sind vergleichbare Filme nie gemacht worden. Eine Tradition für einen parteilichen Spielfilm von der Seite derer, die über keine Herrschaft verfügen, die jedoch die Mittel und Mechanismen politischer Herrschaft zeigt, gibt es bei uns nicht. Anhand der Filme von Rosi soll diskutiert werden, warum es in Italien eine solche Filmtradition gibt und bei uns nicht."

Der Filmemacher Thomas Mitscherlich, Sohn des Psychoanalytikers Alexander Mitscherlich, zieht 1974 nach Hannover. Sein Interesse gilt gesellschaftlichen, gewerkschaftlichen und kapitalismuskritischen Themen. „Zusammen mit Soziologen, Politologen und Filmemachern gründete Mitscherlich 1978 in Hannover das Institut für audiovisuelle Kommunikation e. V. (IfaK), in dem er die Leitung übernahm."[52] Thomas Mitscherlich stirbt 1998.

Mai 1978 – der Sozialpsychologe Peter Brückner im Koki

„Filmseminar: Die Familie – oder wie Katastrophen produziert werden
Einführung durch und Diskussion mit Prof. Peter Brückner"

Vier Filme kommentiert der Sozialpsychologe Peter Brückner an vier Abenden im Mai 1978:

„Eine Frau unter Einfluss – A Woman under Influence", John Cassavetes, USA 1974;

„Ich, Pierre Rivière, habe meine Mutter, meine Schwester und meinen Bruder getötet – Moi, Pierre Rivière, ayant égorgé ma mère, ma soeur et mon frère", René Allio, Frankreich 1976;

„Familienleben – Family Life", Kenneth Loach, GB 1971;

„Die rote Wüste – Il Deserto Rosso", Michelangelo Antonioni, Italien 1964.

Dass das Koki Peter Brückner zu dieser Veranstaltungsreihe als Referenten eingeladen hat, ist durchaus ein politisches Statement. Denn der kritische Psychologe ist eine linke Symbolfigur und zu diesem Zeitpunkt in Hannover und bundesweit kein Unbekannter. 1972 wird ihm erstmals Unterstützung der Rote-Armee-Fraktion, die als kriminelle Vereinigung gilt, vorgeworfen. Er wird für zwei Semester vom Dienst suspendiert, hält aber in Cafés oder anderen außeruniversitären Orten weiterhin Vorlesungen und Seminare. Nachdem die Suspendierung zunächst aufgehoben wird, gerät Brückner 1977 im Rahmen der sogenannten Mescalero-Affäre erneut ins Visier der staatlichen Behörden, wird wieder suspendiert. In den kommenden Jahren steht er immer wieder vor Gericht, alle disziplinarischen Maßnahmen enden erst 1981. Ein Jahr später stirbt Peter Brückner.

„Vieles ist der Psychologe Peter Brückner Zeit seines Lebens gewesen: ‚Halbjude' und Ausreißer, Untergrundaktivist und Wehrmachtssoldat, Kommunist mit Parteiverbot, Vater und Familienflüchtling, Demokrat und Verfassungsfeind, erster verbeamteter Hochschullehrer mit Berufsverbot.“[53]

2015 bringt Simon Brückner, Sohn des engagierten und umtriebigen Sozialpsychologen, einen sehr persönlichen Dokumentarfilm über seinen Vater in die Kinos. Im Januar 2016 ist der Regisseur mit seinem Film zu Gast im Koki Hannover. Anwesend sind neben seiner Mutter, der Publizistin und Schriftstellerin Barbara Sichtermann, zahlreiche Zeitzeugen und Wegbegleiter.

Juni 1978 – Elke Ried und Reinhold Elschot am Beginn ihrer Karriere im Koki Hannover

„SEMINAR Das Kino der ‚Social-Fiction‘

Im Rahmen dieses Wochenendseminars sollen die Filme des utopischen Kinos behandelt werden, die nicht vollkommen von der gesellschaftlichen Realität abheben, sich nicht in Weltraumabenteuern verlieren, sondern Aspekte der Gesellschaft und der Zeit, in der sie produziert werden, aufnehmen, um diese Aspekte durch filmische Verdichtung und Zukunftsprojektion in ihrer Existenz und in ihren möglichen Entwicklungen zu verdeutlichen. [...] Referenten: Elke Ried, Münster, Reinhold Elschot, Münster.“

Im Programm: „... Jahr 2022 ... Die überleben wollen – Soylent Green“, Richard Fleischer, USA 1974; „1984“, Michael Anderson, GB 1956; „Fahrenheit 451“, François Truffaut, Frankreich 1966; „Metropolis“, Fritz Lang, Deutschland 1926.

Elke Ried ist 1978 diplomierte Pädagogin. Ein Jahr später übernimmt sie eine leitende Funktion beim Kinder- und Jugendfilmzentrum in Remscheid und beim Kinderfilmfestival in Frankfurt. „Ab 1992 baute sie das Deutsche Kinder-Film- und Fernsehfestival „Gol dener Spatz“ in Gera neu auf [...]. Danach – ab 1996 – beriet sie kulturelle Institutionen und Kinderfilm-Produzenten und wurde TV-Beraterin von Unicef Deutschland. Im Januar 1999 übernahm Elke Ried die Geschäftsführung der Zieglerfilm Köln.“[54] Hier hat sie über Jahre anspruchsvolle Kinderfilme produziert.

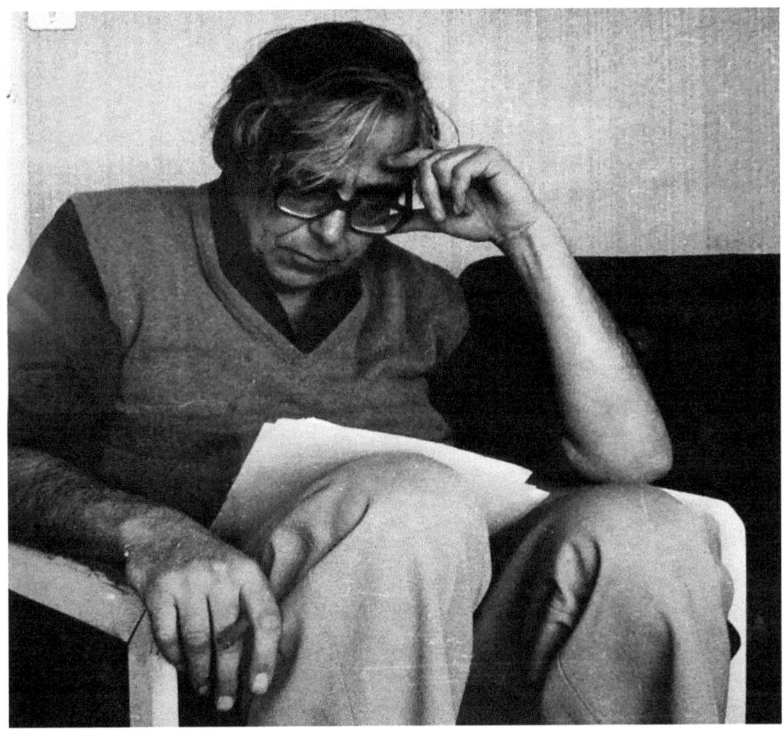

Peter Brückner
(public domain)

Der studierte Germanist und Publizist Reinhold Elschot arbeitet 1978 als wissenschaftlicher Mitarbeiter an der Universität Osnabrück. Ende des Jahres wird er Referent und Redakteur beim Adolf-Grimme-Institut, arbeitet aber auch weiterhin als freier Mitarbeiter für den WDR, die Süddeutsche Zeitung und den EvangelischenPressedienst (epd). Ab 1991 ist Elschot beim ZDF, u. a. als Leiter der Redaktion Fernsehspiel. Im Verlauf seiner Karriere beim Sender und bei der ZDF-Produktionsgesellschaft Network Movie Film- und Fernsehproduktion GmbH produziert er über Jahrzehnte hochkarätige TV-Produktionen, zuletzt noch, 2023, ‚Ferdinand von Schirach: Sie sagt. Er sagt‘.

Elke Ried und Reinhold Elschot sind verheiratet.[55]

September 1978 – auch damals bereits ein Thema: Gewalt im Film

„Filmseminar Gewalt im Film – Ein Seminar über Motivationen und Wirkungsformen der Darstellung von Gewalt im Spielfilm. Referent: Horst Schäfer, Duisburg, Seminargebühr: 10,- DM“. Als Beispiele dienen u. a. Corbuccis „Mercenario – Der Gefürchtete“ von 1968, Pontecorvos „Queimada“, 1969, oder Peckinpahs „Bring Me the Head of Alfredo Garcia – Bring mir den Kopf von Alfredo Garcia“, 1974.

„Mitte der 60er Jahre stellten Beobachter der internationalen Filmszene eine bedrohliche Zunahme von ‚Leinwand-Orgien der Gewalt‘ fest: ‚Gewalt, das ist diesen neuen Spielfilmen gemeinsam, steht nicht mehr wie früher vor allem für die Störung der Ordnung, für Terror und Unterdrückung oder für die ‚ultima ratio‘ der Unterdrückten; sie ist zum Selbstzweck geworden, zum Spielmaterial und Spekulationsobjekt.‘ […] Im Mittelpunkt der Diskussion über die ausgewählten Filmbeispiele wird also die Frage stehen, ob die ‚Macher‘, die Produzenten, Autoren und Regisseure, Apologeten der Gewalt oder Chronisten ihrer Allgegenwart sind.“

Eine Diskussion, die Filmwissenschaft, Kritik und Jugendmedienschutz bis heute beschäftigt. Der Referent Horst Schäfer hat mit dem Filmforum Duisburg ab 1970 eines der ersten Kommunalen Kinos in der Bundesrepublik aufgebaut und geleitet. In den 1980ern übernimmt er die Leitung des „Kinder- und Jugendfilmzentrums in Deutschland“. Er ist Publizist und Autor in den Bereichen Medienpädagogik und Medienpolitik, brennt aber auch für Fragen des Genre-Kinos.[56]

Februar 1979 – Syberberg: Ein umstrittenes Großprojekt und eine große Besetzung

Für ein ganzes Wochenende steht im Februar 1979 im Lister Turm ein „Wahnsinns-Projekt“ auf dem Spielplan: Hans-Jürgen Syberbergs „Hitler, ein Film aus Deutschland“. Der 1976 fertig gestellte Film besteht aus vier Teilen und hat eine Gesamtlaufzeit von 429 Minuten! Am Freitag laufen die Teile 1 und 2, am Samstag Teile 3 und 4, und der Sonntag beginnt bereits um 11.30 Uhr und präsentiert nicht nur noch einmal alle vier Teile nacheinander, sondern endet um 20.00 Uhr mit einer hochkarätig besetzten Podiumsdiskussion:

Bazon Brock ist Professor an der Universität für angewandte Kunst in Wien. Er nennt sich selbst Denker im Dienst und Künstler ohne Werk, ist Teil der Fluxus-Bewegung, Erfinder des „Action Teaching“ und der documenta-Besucherschulen. Späterhin bekleidet er bis zur Emeritierung die Professur für Ästhetik und Kulturvermittlung an der Bergischen Universität Wuppertal.[57]

Hanjo Kesting ist zum Zeitpunkt des Podiumsgespräches Leiter der Hauptredaktion Kulturelles Wort beim Norddeutschen Rundfunk, in späteren Jahren Autor zahlreicher Publikationen, vor allem zur Literatur.[58]

Oskar Negt ist seit 1970 Inhaber des Lehrstuhls für Soziologie an der Technischen Universität Hannover, er hat bei Horkheimer und Adorno studiert, ist dann Assistent bei Habermas und nun Professor in Hannover. Er wird zu einem wirkmächtigen öffentlichen Intellektuellen, einem einflussreichen Sozialphilosophen. Anfang 2024 verstirbt er.[59]

Rudolf Lange schreibt seit 1949 als Kulturjournalist für die Hannoversche Allgemeine Zeitung. Von 1951 bis 1977 ist er dort Chef des Feuilletons. Er ist Verfasser zahlreicher Publikationen zu Kunst, Literatur und Theater, Vorsitzender des Niedersächsischen Schriftstellerverbandes. Er verstirbt 2007.[60]

Filmbeiratsmitglied und NDR-Kulturredakteur Alfred Paffenholz moderiert den Abend.

Diese geballte intellektuelle Macht wird vom Koki aufgeboten, um mit einem Werk umzugehen, welches das gesamte deutsche Feuilleton, die versammelte Filmkritik hierzulande gegen sich auf bringt. Syberberg unternimmt mit seinem Film den Versuch, „sich der Figur Hitler über die Fragestellung zu nähern, inwiefern er die Projektion der geheimsten Wünsche des deutschen Volkes war. Dabei bricht der Film, dessen Struktur Wagners ‚Ring‘ entlehnt ist, mit narrativen Konventionen und den Gesetzen des ‚rational argumentierenden‘ Kinos.“[61] Etliche Stimmen sehen in diesem Film-Monstrum eher eine Apologie Hitlers als eine kritische Auseinandersetzung mit „dem Hitler in uns", die ausländische Filmkritik zeigt sich wesentlich offener und interessierter. Die Premiere findet daher im November 1977 in London statt. In der Bundesrepublik wird der Film erstmals im Juli 1978 im Kino gezeigt, im Januar 1980 im Fernsehen.[62] Das Koki steht hier also zu Beginn des Jahres 1979 mitten in einer öffentlichen und kontroversen Kino-Debatte.

Internationaler Film

Deutlich werden die Programmphilosophie und die Zusammenschau von Kino, Politik und Gesellschaft beim Blick auf die filmhistorischen und länderbezogenen Reihen der ersten Jahre. Hier sind Filme zu sehen, die in den kommerziellen Kinos der Stadt bisher in keiner Weise Berücksichtigung gefunden haben.

Sehr häufig öffnet das Koki seine Leinwände für Blicke hinter den Eisernen Vorhang: „Spielfilm in der DDR" mit einer besonderen Würdigung der Filme Konrad Wolfs, „Spielfilme aus der UdSSR" mit einem Fokus auf Andrej Tarkowskij, eine „Polnische Filmwoche", in Kooperation mit Film Polski und mit der begleitenden Ausstellung „Das polnische Filmplakat". „Filme aus der VR China", alle aus dem Jahr 1973, stehen auf dem Programm, Spiel-, aber vor allem Dokumentarfilme, deren Titel bereits den durchaus propagandistischen Charakter erahnen lassen: „Feuerrote Jahre", „Das Bewässerungsgebiet von Shaoshan", „Ausbildung der intellektuellen Jugend auf dem Lande". Nachbeben der großen Kulturrevolution!

Auch „Filme aus der VR Albanien", präsentiert in Kooperation mit der Gesellschaft der Freunde Albaniens, stehen auf dem Programm. Die deutsche Übersetzung der Dialoge und Kommentare wird während der Vorführung live eingesprochen.

März 1976 – das „Neue Albanien" im Film

„Filme aus der VR Albanien

Bisher konnte die Gesellschaft der Freunde Albaniens schon einige albanische Dokumentar- und Kurzfilme zeigen. Nun ist es uns gelungen, zum ersten Mal albanische Spielfilme für die Bundesrepublik zu bekommen, deren Erstaufführung im Kommunalen Kino in Frankfurt stattgefunden hat. Die albanische Filmproduktion ist die jüngste in Europa. [...] Erst die Befreiung des Landes durch den Partisanenkampf unter Führung der Kommunistischen Partei öffnete auch die Tore für den albanischen Film. Der 1. Mai 1947 war der Geburtstag des albanischen Films. Seither wurde das Filmstudio ‚Neues Albanien' aufgebaut, entwickelten sich viele Talente, entstanden Dutzende Spielfilme und Hunderte von Dokumentarfilmen sowie eine eigene albanische Fernsehanstalt. Der albanische Staat eröffnete zahlreiche Kinos. [...] Die albanischen Filmkünstler produzieren keine Gangster-, keine Wildwest- und keine Sexfilme, sondern schöpfen aus dem Leben des Volkes, seinem Kampf für die Befreiung, seinem Einsatz für die ökonomische, politische, ideologische und kulturelle Entwicklung des Landes. Ihr Ziel ist es, die albanischen Menschen mit den hohen Idealen des Kommunismus zu erfüllen. [...]

Gesellschaft der Freunde Albaniens"

Die Phraseologie der 70er Jahre findet sich aus heutiger Perspektive natürlich komplett entzaubert. Es bleibt rückblickend schwer, zu beurteilen, wie viel und wie stark ausgeblendet werden muss, dass sich hinter den „hohen Idealen des Kommunismus" eine brutale Einparteien-, Einpersonen-Diktatur verbirgt, die sich nach dem Bruch mit China 1978 komplett abschottet und isoliert.

Die Programmierung dieser Filme ist letztendlich Beleg für die Sympathien, die zahlreiche kulturelle Akteure jener Jahre für eine sozialistische Alternative zum westlichen Kapitalismus, für Gegenentwürfe zu (Film-)Konsum und (Film-)Kommerz hegen. Die Leinwände der Kokis und einiger Programmkinos öffnen den

Blick für einen anderen, jungen Film, für eine innovative Ästhetik und Erzählhaltung, aber gleichzeitig auch für alternative Themen, Sichtweisen, Gesellschaftsentwürfe.

Und apropos „Wildwestfilme“, die die albanischen Filmemacher ja nicht drehen: Im gleichen Monat, in dem das albanische Programm läuft, fast möchte man sagen begleitend, präsentiert das Koki eine kleine Reihe zu der legendären, populärmythologischen Figur Billy the Kid. Zu sehen sind Peckinpahs „Pat Garrett jagt Billy the Kid“, McLaglens „Chisum“ oder auch Arthur Penns „The Left-Handed Gun“. Das Koki liefert somit ein in letzter Konsequenz absolut ausgewogenes Monatsprogramm.

Juni 1977 –
Joris Ivens und Marceline Loridan zu Gast in Hannover

Einer der bedeutendsten Dokumentarfilmer des 20. Jahrhunderts ist gemeinsam mit seiner Frau und Co-Regisseurin Marceline Loridan in Hannover, um das Film-Konvolut „Yü Gung versetzt Berge“ in hannoverscher Erstaufführung persönlich zu präsentieren. Ein ganzes Wochenende ist diesem Ereignis im Lister Turm gewidmet.

„Yü Gung versetzt Berge – 12 Dokumentarfilme über die VR China aus den Jahren 1973–1975

Während der Jahre 1973 und 1974 nahmen Ivens und Loridan in der Volksrepublik China, mit einem chinesischen Team, 120 Stunden Film auf. In den Jahren 1974 und 1975 montierten sie ein Zehntel dieses Materials zu dem Film ‚Comment Yukong deplaça les Montagnes‘. Er besteht aus 12 Teilen. […] Kein größerer Gegensatz ist denkbar als der zwischen einem ‚chinesischen Weg zum Kommunismus‘ und der Methode dieses Films, aus den Erscheinungen an der Oberfläche, aus den Formen des Zusammenlebens und individueller Verhaltensweisen der Leute, aus ihrer Rede, ein Zeugnis zu geben, wie sich die Chinesen den Film selbst anverwandelt, ihn zum sublimierten Ausdruck ihrer Lebenswirklichkeit gestaltet und den spezifischen Rhythmus, in dem sich ihr Alltag ereignet, in die filmische Zeit hineingesenkt haben.“

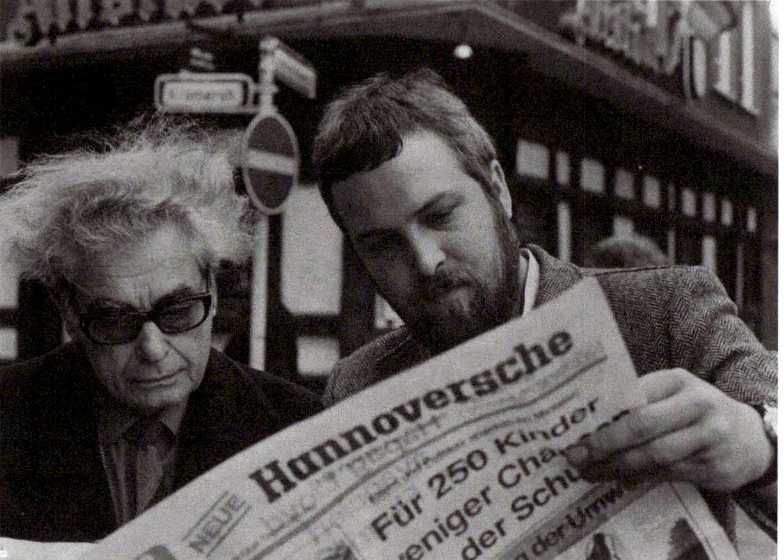

Joris Evens, Sigurd Hermes
© Kommunales Kino

Auch Spanien rückt in den cineastischen Blickpunkt. Im November 1975 erst ist Franco gestorben, Ende 1978 wird die Diktatur offiziell zu Grabe getragen. Im Herbst 1977 zeigt der Kunstverein in seinen Räumen im Künstlerhaus eine Ausstellung der spanischen Künstlergruppe „Equipo Cronica“, und das Koki begleitet diese Ausstellung mit dem mehrfach ausgezeichneten Dokumentarfilm „Sterben für Madrid“ von Frédéric Rossif aus dem Jahr 1963, mit Joris Ivens' „Spanish Earth“ von 1937, mit dem bekenntnishaften Kommentar Ernest Hemingways, sowie mit der Fernsehproduktion des Westdeutschen Rundfunks „Spanien“ von Peter Nestler aus dem Jahr 1973. – Im Januar 1979 legt das Koki nach mit einem Programmschwerpunkt „Zwischen Bürgerkrieg und Francos Tod“, die Filmankündigungen überschrieben mit „Der Film wird zur Waffe: Der republikanische Film im Bürgerkrieg“. Im Februar folgt eine spanische Filmgeschichte.

Februar 1979 – eine spanische Filmgeschichte

„Zwischen Gesängen und Gewehren
Spanische Filmgeschichte von 1905 bis heute im Kommunalen Kino

In Zusammenarbeit mit dem Goethe-Institut und der Filmoteca in Barcelona hat das Kommunale Kino für diesen Monat ein Programm entwickelt, das einen umfassenden Überblick über die spanische Filmgeschichte seit ihren Anfängen im ersten Jahrzehnt dieses Jahrhunderts bis zu den heutigen Entwicklungen in Spanien nach Francos Tod verschafft. Komplettiert wird das mehr als 20 Blöcke umfassende Programm mit einer Retrospektive der Filme Carlos Sauras und einem Wochenendseminar zu frühen spanischen Filmen, das der spanische Filmhistoriker und Kritiker Felix Fanés leitet, der in der Reihe ‚Filmblätter' des Kommunalen Kinos außerdem eine instruktive ‚Kurze Geschichte des Spanischen Films' vorlegt, die die Entwicklungsphasen des spanischen Kinos in die Sozialgeschichte des Landes einbettet und die Zusammenhänge auch zur Filmpolitik herstellt."

Groß ist in den ersten Jahren des Koki auch das solidarische Interesse an Chile, wo 1973 der demokratisch gewählte sozialistische Präsident Allende durch einen Militärputsch entmachtet wird und stirbt. Augusto Pinochet errichtet in der Folge mit Unterstützung des US-Geheimdienstes eine äußerst brutale und gewalttätige Diktatur. Das Koki zeigt 1978 und erneut 1979 dazu u. a. den berühmten zweiteiligen Film von Patricio Guzmán „Die Schlacht von Chile/ Der Kampf eines unbewaffneten Volkes".

Es sind neben den filmhistorischen und länderspezifischen Kontexten sowie der Präsentation zeitgenössischen filmkünstlerischen Schaffens vor allem politische und gesellschaftliche Themen, die das Koki-Programm bestimmen. Die Überschriften lassen das Spektrum erahnen: „Frauenfilme", „Homosexualität im Film", „Aggression …", „Strafvollzug …", „Psychiatrie …", Geschichte der Arbeiterbewegung im Film". Nina Gladitz ist zu Gast mit ihrer Produktion „Lieber heute aktiv, als morgen radioaktiv".

Homosexualität im Kino

Bereits 1975 richtet das Koki seinen Blick und damit das Augenmerk der Kinobesucherinnen und -besucher auf die Darstellung von Homosexualität im Film, aber auch im Fernsehen. Bedenkt man, dass im Oktober 2024 bereits die 28. Ausgabe der „Perlen", des „Queer Film Festivals Hannover", stattfindet, dann war dies ein sehr weiter und mit Sicherheit kein einfacher Weg. Die gesellschaftliche Situation und den Ausgangspunkt der Diskussion Mitte der 1970er Jahre macht der Text aus dem Programmflyer deutlich, der von der 1971 gegründeten Aktionsgruppe Homosexualität Hannover (HSH) verfasst wird, mit der Sigurd Hermes hier zusammenarbeitet.

Oktober 1975 – die Normalen und die Anderen

„Homosexualität
‚Jagdszenen aus dem Filmalltag'

Was ist normal? – Auf keinen Fall die Homosexualität. Wenn sie dennoch im Film gezeigt wird, wird ihre Wirklichkeit verzeichnet. Entweder erscheint sie so nebenbei als Regieknüller (der schwule Herbert in ‚Tanz der Vampire', Pudel und Schwule in ‚Blow Up'), als Gag (‚Schulmädchenreport', ‚Dorotheas Rache') oder – in den letzten Jahren häufiger – als Hauptgegenstand: Interessant und wichtig für die Betroffenen, für die aufgrund ihrer Diskriminierung das Schwulsein ein zentrales Problem ihres Lebens ist; für die ‚anderen' aber zumeist eine fragwürdige, weil verfälschende ‚Information'.

Wie erscheint Homosexualität, wenn sich die Filmindustrie ihrer annimmt? Als pubertäre Verirrung (‚If'), gepaart mit Sadismus (‚Törless'); als eine zusätzliche Erfahrung, die sich natürlich als Sackgasse erweist (‚Die bitteren Tränen der Petra von Kant'), als Dekadenz einer entarteten Gesellschaft (‚Satyricon') […] oder als Identität von Schwulsein und Kriminellsein (‚Zärtlichkeit der Wölfe') […], als mieses Strichertum (‚Flesh'), als Dreck und Verwahrlosung (‚Trash'). […]

Um eine halbwegs realistische Darstellung der Situation der Homosexuellen, jedenfalls mit Ausblick auf Veränderung (‚Nicht der Homosexuelle ist pervers, sondern die Gesellschaft, in der er lebt') gibt es Zensur und großes Geschrei. [...]

Das öffentliche Fernsehen häkelt an dieser bewährten Masche fleißig mit. [...] Das ist eben das Fatale: Der biedere Bürger mit seinen Einstellungen und Vorurteilen gegenüber Juden, Türken, Zigeunern – und nicht zuletzt Homosexuellen – dreht die Flimmerkiste an und sieht, mit der Bierflasche in der Hand: lauter Monstren, eines schlimmer und kranker als das andere. Seltene Ausnahmen (‚Damals im Sommer') können nicht aufwiegen, was so kaputtgemacht wird. Nur beim Fußball dürfen sich auf dem Bildschirm die wackeren Mannen unter der Sympathie der Masse abküssen ... HSH 1975".

Der Ansatz und die Zielrichtung des Koki an dieser Stelle ist klar: „Wir hoffen, mit der Veranstaltungsreihe ‚Homosexualität im Film' einen Anstoß zum Nachdenken zu geben und somit einen Beitrag zum Abbau gesellschaftlicher Vorurteile zu leisten."

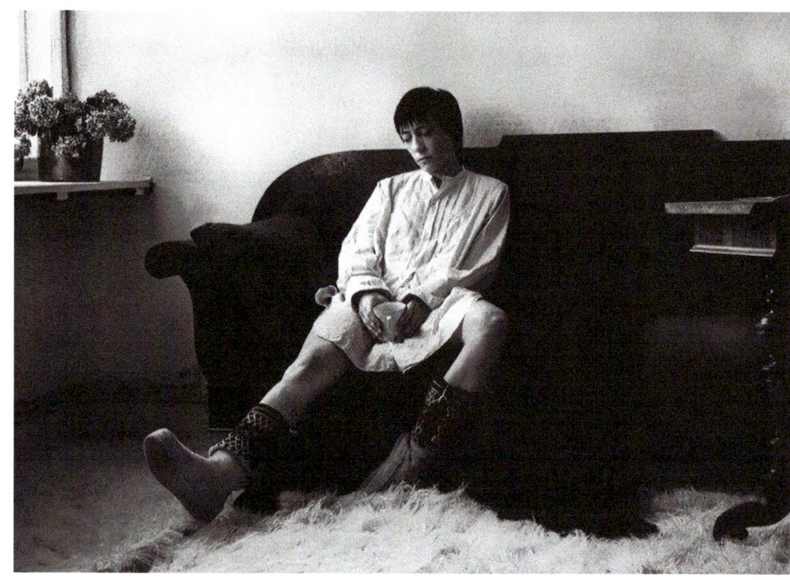

Redupers, Helke Sander 1977
© Helke Sander

Frauenfilme – Frauen im Film

Die Zeit der ersten Kommunalen Kinos ist auch die Zeit der Konsolidierung der neuen Frauenbewegung in der Bundesrepublik. Was 1968 mit der berühmten Tomatenrede der späteren Filmemacherin Helke Sander beginnt,[63] führt über die Gründung von Frauengruppen und Weiberräten zum ersten Bundesfrauenkongress in Frankfurt im März 1972. „Die rund 400 Teilnehmerinnen erklärten, dass Frauen ihre Interessen selbst vertreten sollten und sich entsprechend organisieren müssten."[64] Frauenzentren, eigene Zeitschriften (Courage, Emma) entstehen, Frauenverlage werden gegründet und Frauenfilme gedreht.[65]

Und hier kommt das Koki ins Spiel. Im März 1975 gibt es in der Spielstelle Lister Turm einen langen Abend mit Filmen und Diskussion. Überschrieben ist die Veranstaltung mit „Frauen und der Paragraph 218, ihre Sexualität und ihr Rollenverhalten". Weiter heißt es: „Eine Veranstaltung für Frauen mit Filmen von Frauen über die Probleme der Frau. Ein Überblick über die vorhandenen Filme mit dem Lernziel der Befähigung, die Diskriminierung und Unterdrückung von Frauen als wesentlichen Bestandteil der eigenen Wirklichkeit (von Frauen *und* Männern) zu erkennen [...]. Im Mai folgt an gleicher Stelle ein „Wochenende mit Frauenfilmen – 7 Filme von Frauen, die hier in Hannover zur Erstaufführung kommen". „Macht die Pille frei?" heißt der Film von Helke Sander und Sarah Schumann, „Abtreibung in Deutschland" ist eine 30-minütige Dokumentation von Marlene Linke. Zu sehen ist an diesem Frauen-Film-Wochenende aber auch „Jane Fondas Bericht aus Vietnam – Vorstellung des Feindes".

Das „2. Frauenfilmseminar“ zum Thema „Sexualität und Emanzipation“ findet im Januar 1976 statt. Auf der Leinwand ein breites Spektrum an Filmen: u. a. „Mädchen, zart wie Blumen“ vom berühmten „Mädchenfotografen“ David Hamilton, kontrastiert mit Chantal Akermans „Jeanne Dielman, 23, quai du Commerce, 1080 Bruxelles“ oder dem Sexfilmchen „Die dressierte Frau“ von Ernst Hofbauer. Das Seminar findet unter der Leitung von Brigitte Tast statt, die als Grafikdesignerin und Fotografin zu dieser Zeit gerade in der Filmklasse von Gerhard Büttenbender in Braunschweig studiert, die sie ein paar Jahre später als Meisterschülerin abschließen wird. Sie ist in den Jahren danach bekannt geworden mit außergewöhnlichen Foto-Text-Kombinationen in Buchform und ihren performativen Diageschichten. Gemeinsam mit ihrem Mann Hans-Jürgen Tast ist sie dem frühen Koki immer wieder projektbezogen verbunden.[66]

Das „3. Frauenfilmwochenende“ findet bereits im April 1976 statt, diesmal mit dem Schwerpunktthema „Frauen und Arbeitswelt“. Die vierte Ausgabe im September desselben Jahres widmet sich dem Aspekt „Frauenbefreiung und Sexualität“. Einen Monat später begibt sich das Koki dann ganz konsequent im Bereich des Avantgardefilms und in Zusammenarbeit mit den Freunden der deutschen Kinemathek auf die „Suche nach einer weiblichen Ästhetik“. Zu sehen sind Filme von Dore O. und Maya Deren. Im Juli 1977 präsentiert das Frauenfilmseminar „Körperfilme – Neue Dokumentarfilme von Frauen“. Das Koki richtet hierfür einen Kindergarten ein. „Wir bitten, Spielsachen mitzubringen“.

In allen Monatsprogrammen der ersten Jahre gibt es regelmäßig „Frauenfilme“ oder „Filme von Frauen“, Valie Export, Agnès Varda, Joan Micklin Silver, die Frauenfilmgruppe München und viele andere mehr kommen ins Programm, werden für ein hannoversches Publikum und eine breitere Diskussion zugänglich gemacht.

Der Kunstverein Hannover und das Koki

Das Koki arbeitet von Beginn an vernetzt. Gleich im November und Dezember 1974 gibt es Kooperationen mit der Literarischen Gesellschaft Hannover und dem Seminar für deutsche Literatur und Sprache der Technischen Universität Hannover. Martin Walser „plaudert über seine 20jährige Erfahrung mit einem Medium (Fernsehen/Film)“; der Schriftsteller Günter Herburger ist zu Gast im Audimax der Uni als Drehbuchautor des Fernsehspiels „Tanker“ von Volker Vogeler; Wolfgang Menge berichtet am selben Ort von seinen Erfahrungen als Drehbuchautor für die seinerzeit mehr als erfolgreiche TV-Produktion „Smog“ von Wolfgang Petersen.

Auch mit dem Kunstverein Hannover bestehen von Beginn an enge Beziehungen. Knapp zwei Jahrzehnte später wird das Koki dem Kunstverein noch näher rücken, indem es seinen festen Spielort endlich im Künstlerhaus Hannover bezieht …

Im Dezember 1974 aber startet diese wegweisende Kooperation zunächst mit einem ganz besonderen Format und mit Vorführungen im Kunstverein: „Filmmacher aus Hannover zeigen ihre Filme“. Helmut R. Leppien, der damalige Direktor des Kunstvereins, folgt als Kurator und Ausstellungsmacher einem tatsächlich weiten Kunstbegriff, der Film – neben Musik, Performance oder etwa Aktionskunst – mit einbegreift. Das passt sehr gut zu Hermes’ Intentionen und Kinophilosophie.

Dezember 1974 – „Was hat der Film im Kunstverein verloren?

Die Frage kann von beiden Seiten kommen. Ob mit Herablassung (gegenüber dem Film) oder mit Selbstbewusstsein (als Filmer) gesagt, kann es beidemal zur Feststellung kommen: Der Film gehört ins Kino.

Sieht man aber im Kunstverein (und überhaupt im Museum moderner Kunst) den Ort der Begegnung der Gesellschaft mit den Künsten und ihren Produzenten, beobachtet man, wie fließend häufig die Grenzen zwischen den Künsten geworden sind, bedenkt man, wie schwer es der vom Verleih unabhängige Film hat, so kommt man zur Überzeugung: Das Museum braucht den Film und der Film braucht das Museum.

Stimmt das? Wir haben doch jetzt das Kommunale Kino – das macht das schon! So wird mancher denken. Gewiss, es gibt – endlich – das Kommunale Kino Hannover. Aber Kunstverein und Kommunales Kino sind keine Gegensätze, sondern im Gegenteil zur Zusammenarbeit bereit und entschlossen. [...] Und Hannovers neues Kino hat ja kein Kino, ist in verschiedenen Sälen zu Gast, da bietet es sich an, gelegentlich in den Kunstverein zu kommen, zu dessen Stammpublikum und zu allen Freunden eines Films auf neuen Wegen.

Den Beginn einer Zusammenarbeit machen wir am 5. Dezember. Filmer aus Hannover zeigen ihre Filme. Es schien uns sinnvoll, die 62. Herbstausstellung niedersächsischer Künstler, die wir gegenwärtig [...] zeigen, zum Anlass zu nehmen, der Öffentlichkeit vorzustellen, was auf dem Gebiet anderer Künste in Niedersachsen geschieht. So gibt es eine Lesung niedersächsischer Autoren und eben den Filmabend. Wir haben uns bei diesem ersten Mal auf Filmer aus Hannover beschränkt, denn es war schon schwer genug, diese Filmer ausfindig zu machen. [...]

Wir alle – beteiligte Künstler, Kommunales Kino und Kunstverein – springen mit diesem Filmabend ins kalte Wasser, wissen nicht, wie gut der Abend werden wird: wie viel Sehenswertes in Hannover gedreht worden ist. Aber wir sind uns sicher, dass es auch Amateure gibt, die Sehenswertes machen, sei's im Urlaub, sei's in Hannover gedreht.

Ganz unvorbereitet werden wir aber nicht sein. Eine Woche vorher treffen sich alle Beteiligten, und die Filmer werden ihre Filme vorführen. Alle gemeinsam werden besprechen und entscheiden, was am 5. Dezember um 20.15 Uhr gezeigt werden soll.

Das Forum ist da, die Filme sind da. Wird das Publikum der Einladung folgen? Wir sind optimistisch.

Helmut R. Leppien“[67]

Leider findet sich kein Hinweis darauf, ob die Veranstaltung wirklich von Erfolg gekrönt war und mit entsprechendem Publikumsinteresse belohnt wurde. Doch es spricht einiges dafür, da Kunstverein und Koki ihre Kooperation in den kommenden Monaten und Jahren fortsetzen. Der „Filmschauplauderabend“[68] mit Filmen und Filmern aus Hannover wird erneut ins Programm genommen.

Avantgarde und Experiment

Darüber hinaus ist der Kunstverein in dieser Zeit der absolut passende Rahmen für eine mehrteilige Reihe mit den Klassikern der Avantgarde (u. a. Hans Richter, Viking Eggeling, Man Ray, Fernand Léger oder auch Werner Nekes), die Präsentation des strukturalistischen Films in den USA oder für einen dreitägigen Blick auf das „Kino der Obsession – Die Anfänge einer Besessenheit von 1895 bis 1925“. Fortsetzungen folgen,[69] und mit dem Thema Avantgarde ist ein zentraler Programmschwerpunkt des Koki für die nächsten Jahre benannt – mit Klaus Wyborny gibt Sigurd Hermes dieses Bekenntnis zum experimentellen Film ja auch gleich im ersten Programm vom Oktober 1974.

Im November 1975 findet ein Wochenendseminar im Lister Turm statt: „Filme der Avantgarde“. Auf dem Programm stehen „Neue Erzählformen“, „Neue Montage“, „Neue Kameratechniken“, „Collage und Trickfilm“, „Lösung von der Erzählung“, „Film als optisches Ereignis“. Exemplarisch gezeigt werden Filme von Dsiga Wertow, Maya Deren, Kenneth Anger, Dore O., Vlado Kristl, Lutz Mommartz und anderen. Referentin dieses Seminars mit sechs Terminen und insgesamt 28 Filmen ist Birgit Hein, im Programm angekündigt als Filmemacherin aus Köln.

Die studierte Kunsthistorikerin Birgit Hein beginnt bereits 1966 eigene Experimentalfilme zu drehen, entwickelt über die nächsten Jahre, häufig gemeinsam mit ihrem Mann Wilhelm Hein, außergewöhnliche Performances und Installationen. Sie ist Mitbegrün-

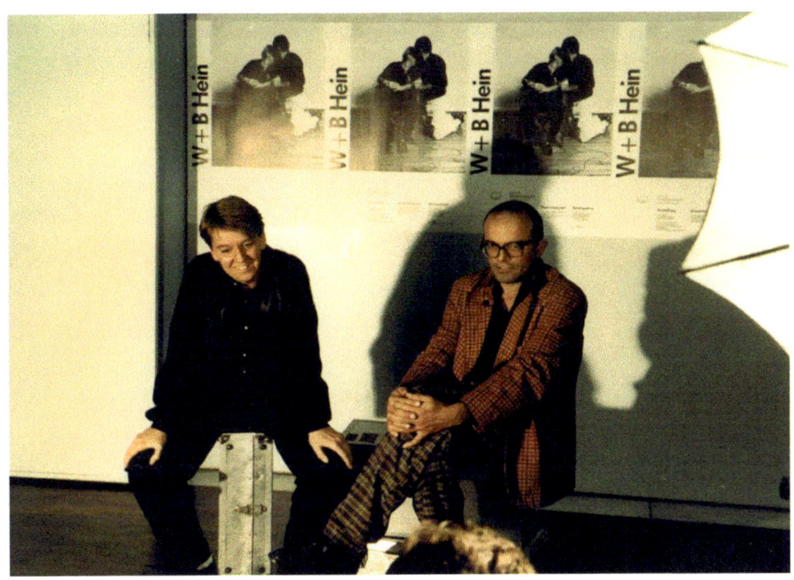

Birgit und Wilhelm Hein
© Kommunales Kino

derin von X-Screen, Verein für Veranstaltungen der Subkultur. 1977 wird sie – hier schließt sich ein erster Kreis zu Sigurd Hermes – Leiterin der Abteilung Experimentalfilm auf der documenta 6, erarbeitet im gleichen Jahr zusammen mit Wulf Herzogenrath, Direktor des Kölnischen Kunstvereins, eine Ausstellung und eine Publikation mit dem Titel „Film als Film". Sie dreht weiter Filme, tritt in den kommenden Jahren international als Dozentin auf, um dann 1990 die Professur für Film- und Videokunst an der Hochschule für Bildende Künste Braunschweig anzutreten – womit sich der nächste Kreis schließt: zu Gerhard Büttenbender. Birgit Hein stirbt 2023.[70] Nicht nur für das katholische Online-Portal „Filmdienst" stirbt mit ihr „eine der bedeutendsten Avantgarde-Filmemacherinnen" und darüber hinaus „eine der wichtigsten Vermittlerinnen der Medienkunst".[71]

Im Februar 1978 sind Hein und Herzogenrath für ein dreitägiges Wochenendseminar im Koki respektive im Lister Turm zu Gast. Mit ihrer Publikation in der Tasche präsentieren die beiden „Film als Film – 1910 bis heute". Die Klassiker der 1920er Jahre werden präsentiert, Fluxus-Filme, Filme der Westcoast 1935–1977. Im Koki-Monatsprogramm findet sich dazu ein hinführendes Zitat von Birgit Hein aus dem Buch „Film als Film":

„Seit den Anfängen des Films gilt die Darstellung der Realität als dessen wesentliche Funktion. Entsprechend geht die gesamte Filmtheorie vom Realitätseindruck des Films aus und sieht in der fotografischen Abbildung und der Bewegungsillusion dessen grundlegende Eigenschaften. Durch den absoluten und nicht narrativen Film wird jedoch deutlich, dass die Realitätswiedergabe nur eine Möglichkeit unter anderen ist." Im Folgenden führt sie aus, welch gänzlich verschiedene gestalterische, experimentelle Möglichkeiten es im Prozess des Filmemachens gibt – mit Blick auf den Filmstreifen, die Projektion und auch das projizierte Bild.

Die Avantgarde ist, man kann es kaum anders ausdrücken, vom ersten Tag an Teil der Koki-DNA. Im Spätprogramm des Apollo-Kinos stellt Hermes im März 1976 unter der Überschrift „Die Geschichte der Avantgarde" eine Reihe mit kürzeren Filmen von Adolf Winkelmann aus den späten 1960er Jahren vor. Hermes kommentiert dieses Programm sehr persönlich: „Ich lernte Winkelmann vor fast 10 Jahren in der HBK Kassel kennen. Ich war Student, Winkelmann auch. Damals war es für gewöhnlich so, dass [ich], wenn ich seine Arbeiten, seine Filme sah, nach den ersten Bildern nichts mehr verstand, aber die Bewunderung nahm den Platz des Begreifens ein. Ich war erfüllt und vollkommen überzeugt. Die Filme hatten etwas von dieser Peinlichkeit, die sich auch […] [in meiner Sucht nach] Schokoladeneis widerspiegelte."

Im Herbst des gleichen Jahres gibt es, wiederum ein ganzes Wochenende lang, „Beispiele wichtiger Strömungen des Avantgarde-Films (1970–1976) – Struktureller Film, Expanded Cinema, Poetischer Film, Sammelkarte für alle 6 Veranstaltungen 9,- DM".

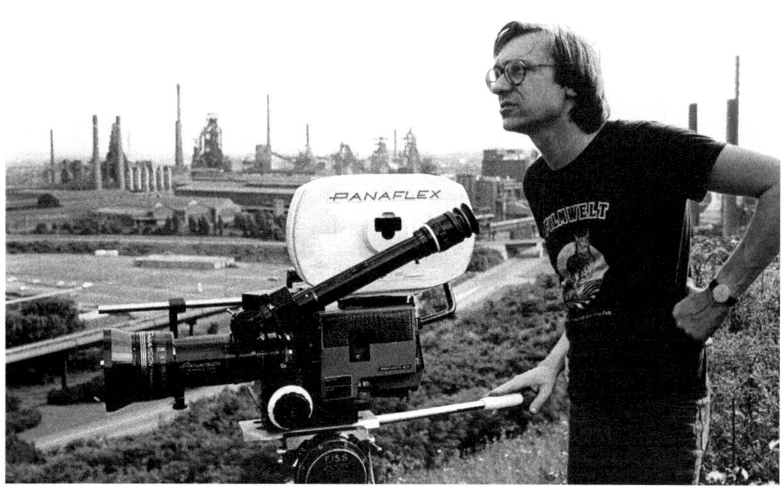

Adolf Winkelmann
© Winkelmann Filmproduktion

Im September 1978 lädt das „Studio der Avantgarde" zu einem „Wochenende der Freunde des Experimental-Films" ein. Weitere Fortsetzungen folgen.

Das Koki bringt aber auch den wirklich „jungen Film", die Avantgarde-Filmkünstlerinnen und -künstler in Ausbildung, auf seine Leinwände. Hermes vernetzt und lädt die Filmklassen „westdeutscher" Hochschulen zu gemeinsamen Sichtungsveranstaltungen ein. Am 29. und 30. Oktober 1976 findet das „1. Westdeutsche Filmklassen-Treffen" im Lister Turm statt. Fünf Filmklassen stellen ihre Arbeiten vor und diskutieren. Mit dabei: natürlich die Hochschule für Bildende Künste, Braunschweig, die Klasse von Gerhard Büttenbender, die Gesamthochschule Kassel, die Fachhochschule Köln, die Hochschule für Bildende Künste, Hamburg, und die Kunstakademie Düsseldorf.

Von den „immer wieder vorkommenden aggressiven Reaktionen der Zuschauer auf Avantgardefilme" ist bereits die Rede gewesen. Die veröffentlichte Meinung – zumindest die der Landeshauptstadt Hannover – steht dem punktuell in nichts nach! Ein Beispiel aus dem Herbst 1979, das Koki hat mittlerweile seine erste feste Spielstätte im Kino am Raschplatz bezogen:

Im „Studio der Avantgarde" des Koki präsentiert der Filmemacher Job Crogier seinen abendfüllenden experimentellen Film „Capsule". Eine Erstaufführung. In der Hannoverschen Allgemeinen Zeitung ist dann unter der Schlagzeile „Kino mit dem Bauch genießen – Einige kritische Anmerkungen zu den seltsamen Avantgarde-Veranstaltungen des Koki" wenige Tage nach der Veranstaltung Folgendes zu lesen:

„Zur Abwechslung hatte das Kommunale Kino mal ein fast volles Haus. Kein Wunder. Lockte da ein doch für hannöversche Verhältnisse exotisches Ereignis: Eine ‚Welturaufführung'. [...] Der Mann, der sich herabließ, sein neuestes Werkstück nicht etwa in London, New York, Paris oder wenigstens Hamburg, sondern am Raschplatz der Weltöffentlichkeit zu schenken, nennt sich Job Crogier und war aus dem fernen Braunschweig an den Premierenort geeilt. Es sei, so betonte denn auch Koki-Chef Sigurd Hermes nicht ohne innere Bewegung, eine ‚sehr große Ehre', Jobs zweiten abendfüllenden Spielfilm uraufführen zu dürfen [...]. Wohl wahr: Kaum ein Filmemachertreffen in Hannover verging, bei dem Hermes den Freund Job nicht mit rührenden Worten und mit Barem gepäppelt hätte." Eine despektierliche Kurzbeschreibung des zu Sehenden endet mit den Worten: „Das Ganze mit unerträglich nervigen Sphärenklängen bedeutungsschwanger zugekleistert. Hohl wie die titelgebende ‚Capsule', die leere Hülle. Beklatschen mochten das nur Sigurd Hermes und die importierten Jubel-Braunschweiger. Der Rest war peinlich berührtes Schweigen und offenes Gemurre [...]. Mit beispielloser Arroganz blockte Crogier alle missliebigen Fragen ab und schwafelte am Thema vorbei. [...] In der Tat muss man sich angesichts derartiger Peinlichkeiten doch allmählich noch ernsthafter fragen, wie lange man Hermes' rührselige Familienfeiern mit der Mafia der Braunschweiger Kunsthochschule, Abteilung Filmklasse, noch hinnehmen kann."[72]

In einem Leserbrief an die HAZ nimmt NDR-Redakteur und Filmbeiratsmitglied Alfred Paffenholz deutlich Stellung zu dieser Form von Journalismus:

„Frank Johannsen hat wieder zugeschlagen […]. Es ist schon abenteuerlich zu beobachten, wie hier jemand mit wenig Sachkenntnis versucht, sich aus den – wohl von ihm so empfundenen – ‚Niederungen' des Lokalen in die ‚Höhen' des Feuilletons zu schreiben." Natürlich solle das Koki Gegenstand von Kritik sein, „nur frage ich mich, ob Sie es sich leisten können, diese Kritik so unqualifiziert vortragen zu lassen. Was mich an dem jüngsten Beitrag von Frank Johannsen so erschreckt hat, ist seine Diktion, ist die banausenhafte Kunstfeindlichkeit, ist die offenbar auf ein sogenanntes ‚gesundes Volksempfinden' zielende Verteufelung von filmischen Experimenten nach dem Motto: was ich nicht verstehe oder was mir missfällt, das darf auch nicht stattfinden!"[73]

Um das Thema Experimentalfilm mit dem „gehobenen Feuilleton" abzuschließen: In der Frankfurter Rundschau vom 30.11.1979 schreibt Dietrich Kuhlbrodt eine Rezension: „‚Capsule': traumhaft, ein Genuss … die wichtigste Information vorweg. Denn was man auch über den Film aufschreiben mag (dass in ihm kein Wort gesprochen wird –, dass er keine ordentliche Handlung hat –, dass sich da Bilder bewegen oder auch stillstehen), es wird doch nicht plausibel, was aber unbestreitbare Tatsache ist, dass einem die Zeit kurz wird vor dem Film –, dass die eher stillen Bilder kräftig wirken –, dass man begeistert wird. ‚Capsule' ist ein einzigartiger Kunstfilm, Crogiers unverwechselbarer und persönlicher Stil".[74]

Dokumentarfilm

In einem O-Ton-Beitrag in einer NDR-Radiosendung über die Entstehung und Entwicklung der Kommunalen Kinos aus dem Mai 1979 sagt Sigurd Hermes: „Wir müssen, weil es eben die private […] Kinowirtschaft […] nicht tut, müssen wir uns um zwei Genres ganz besonders kümmern. Das eine sind die Dokumentarfilme, das andere ist der experimentelle Film."[75]

Das Koki ist angetreten, all den Aspekten, Gattungen, Genres, die im kommerziellen Kino nicht oder nur ganz selten vorkommen, eine Leinwand zu geben, sie der Öffentlichkeit zugänglich zu machen. Der gestalterisch anspruchsvolle und inhaltlich engagierte, tatsächlich fürs Kino produzierte Dokumentarfilm gehört von Anfang an dazu. – Politische Dokumentarfilme aus Chile, Wildenhahns und Tuchtenhagens „Der Hamburger Aufstand Oktober 1923", die Reihe „Die großen Dokumentaristen", natürlich Ruttmanns „Berlin – Die Sinfonie der Großstadt". Die Liste ließe sich unendlich fortsetzen, zahlreiche andere dokumentarische Programme sind weiter oben bereits exemplarisch, in anderen Zusammenhängen erwähnt. Bis heute bleibt der künstlerische Dokumentarfilm – und damit sind gerade nicht die unzähligen allwissenden, wortlastigen TV-Dokumentationen gemeint – zentraler Baustein eines Koki-Programms.

Kinderfilm

Bereits im Monatsprogramm vom Oktober 1974 gibt es im Nachmittagsprogramm besondere Angebote für Kinder. Aber auch diese sind von Beginn an unter cineastischen Aspekten kuratiert. Zu sehen gibt es für Menschen ab sechs Jahren „Kinderfilme aus der CSSR", darunter Karel Zemans wunderbare Jules-Verne-Adaptionen „Die Erfindung des Verderbens" und „Auf dem Kometen" oder auch Radim Cvrceks „Tanja und die zwei Pistolenmänner". Hark Bohms „Tschetan, der Indianerjunge" steht auf dem Kinderfilmprogramm, ebenso Filme von Charles Chaplin. Im September 1975 gibt es dann eine „Retrospektive: Polnischer Trickfilm 1958 bis heute."

Im Januar 1976 findet erstmals die „Kinderfilmwoche" im Lister Turm statt. Neben tschechischen Filmen stehen Michael Curtiz'

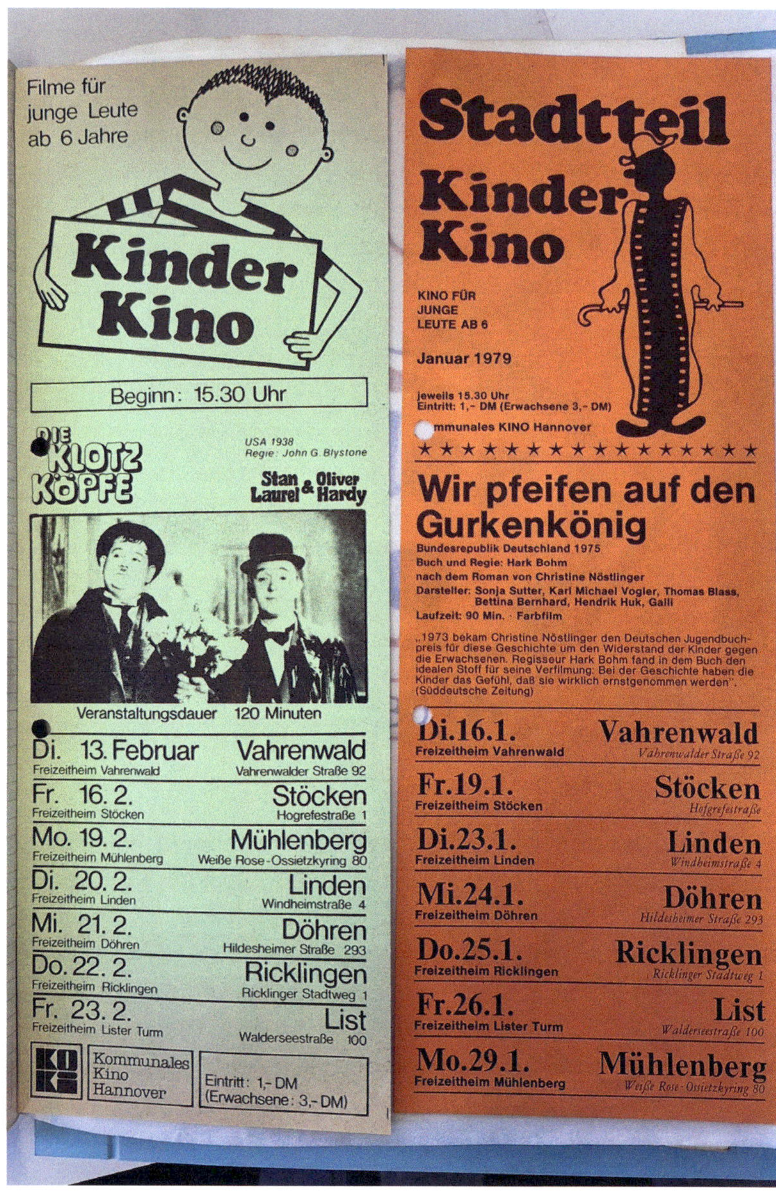

Das Koki-Kinderkino
© Kommunales Kino

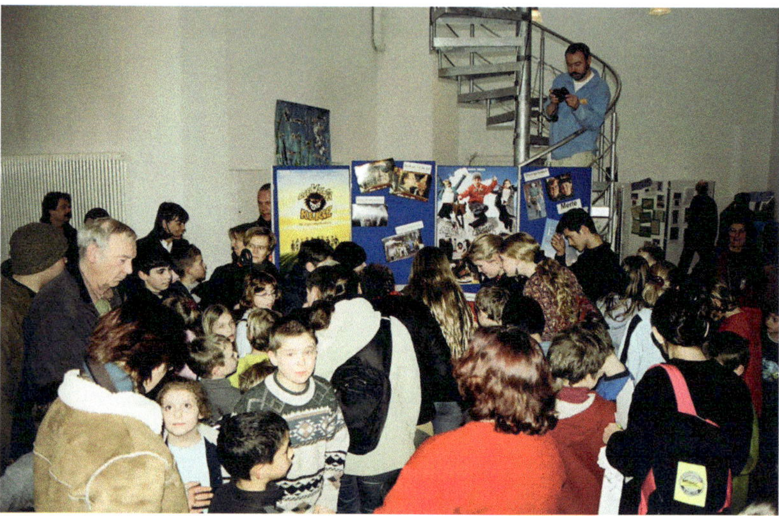

Sehpferdchen 2004, im Foyer: Klaus Kooker (auf der Treppe)
© Kommunales Kino

„Robin Hood – König der Vagabunden" und Howard Hawks' „Trapper am Missouri" auf dem Programm. Aus heutiger Sicht eine eher ungewöhnliche Auswahl, aber der Weg hin zum vielbeschworenen „anspruchsvollen Kinderfilm" ist zu diesem Zeitpunkt tatsächlich noch lang.

Das Angebot wird sukzessive ausgebaut. Es wird noch zahlreiche Kinderfilmwochen im Koki geben, die im regulären Monatsprogramm angekündigt werden und in den Koki-Spielstätten laufen. In einem nächsten Schritt geht es im Rahmen der mobilen und „aufsuchenden" Kinoarbeit in die Stadtteile. Der rote Flyer für das „Stadtteil-Kinder-Kino" im Januar 1979 präsentiert „Wir pfeifen auf den Gurkenkönig" von Hark Bohm, nach einem Roman von Christine Nöstlinger. Er wird gezeigt in den Freizeitheimen Vahrenwald, Stöcken, Linden, Döhren, Ricklingen, Lister Turm und Mühlenberg. In der Hochzeit dieses Angebotes gibt es neun Kinderstadtteilkinos, die das Koki organisiert.

Erst 1998 mündet diese Kinderfilmarbeit in das Kinderfilmfest SEHPFERDCHEN (heute „Filmfest für die Generationen“), eine Koproduktion mit der Stadtteilkulturarbeit und freien Trägern aus der Jugendmedienarbeit und der Medienpädagogik, ein alle zwei Jahre stattfindendes und entsprechend gefördertes Festival mit hochwertigen internationalen Produktionen speziell für Kinder und Jugendliche. Im Januar 2024 findet das bisher letzte Festival im Koki statt. Für 2026 steckt das nächste mit Sicherheit schon in der Pipeline …

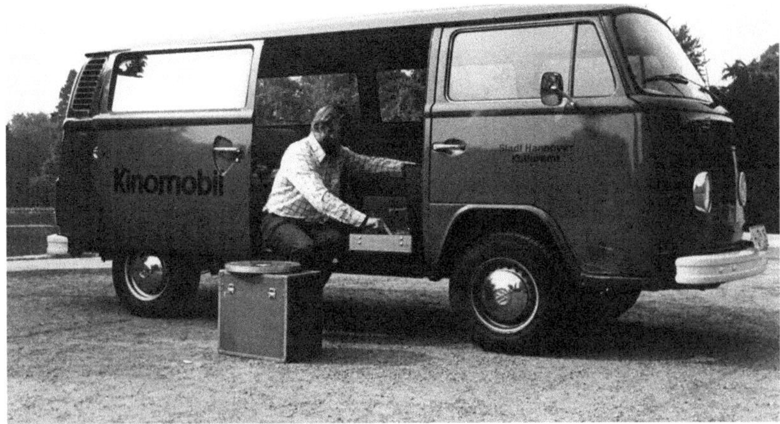

Kinobus mit Günther Möhrmann
© Kommunales Kino

Mobile Kinoarbeit und filmische Informationsveranstaltungen

Abgesehen von der Tatsache, dass das Koki in seinen ersten Jahren mit wechselnden Spielstätten sowieso immer unterwegs sein muss, betreibt Sigurd Hermes mit tatkräftiger Unterstützung des engagierten Filmvorführers der ersten Stunde, Günther Möhrmann, eine mobile, aufsuchende Kinoarbeit im gesamten Stadtgebiet und darüber hinaus. In den ersten Jahren gibt es „Mobiles Kino für Senioren“ in ständig wechselnden Begegnungsstätten. Im August 1975 beginnt dann das Jugendkino, die „kinomobile Arbeit in den Jugendzentren der Stadtjugendpflege“. Gemeinsam mit den Jugendlichen und den Sozialpädagogen vor Ort werden Programme zu besonderen Themen erarbeitet. Während die Senioren im August 1975 Lilo Pulver im „Spukhaus im Spessart“ bewundern können, steht in den Jugendzentren unter der Überschrift „Aggression im Film“ Peter Watkins „The War Game“ auf dem Programm.

In Zusammenarbeit mit der Stadtbildstelle Hannover bietet das Koki Schulfilmveranstaltungen an; im Oktober 1975 beispielsweise können interessierte Schulen für einen Unkostenbeitrag von 1,- DM „Der zerbrochene Krug“ mit Emil Jannings aus dem Jahr 1937 buchen. Das Koki kommt in die Schule. Es kommt aber auch auf das hannoversche Altstadtfest mit kurzweiligen Programmen und Informationen oder in das Studentenwohnheim Silo in Herrenhausen zum „Studentenkino“.

Darüber hinaus werden neben dem cineastischen Programm auch regelmäßig spezielle Informationsveranstaltungen angeboten, wie jene im November 1974: eine „Sichtveranstaltung zum Thema: Drogen – für Lehrer, Sozialpädagogen, Eltern, Jugendpfleger u. a.“; oder jene im November 1975 mit einer Reihe von Kurzfilmen über „Alte Menschen – mit Filmen, die sich mit den Problemen der Senioren auseinandersetzen. Für alle Mitarbeiter der Altenhilfe des Sozialamtes der Stadt Hannover, der Arbeiterwohlfahrt und anderen Interessierten. Eintritt frei!“

Oktober 1976: Die „Sonderveranstaltung zum Thema: Behinderte Menschen – Mehrere Kurzfilme werden vorgestellt und diskutiert“ ist „eine Veranstaltung für Eltern, Lehrer und Sozialarbeiter – In Zusammenarbeit mit dem Schulelternrat der Heinrich-Ernst-Stötzner-Schule und der Abteilung Schulpsychologie und Bildungsberatung der Schulverwaltung der Landeshauptstadt Hannover.“

Im April 1977 gibt es ein „Seminar für Lehrer und Lehrerstudenten – Hollywood der 20er und 30er Jahre – Ein Unterrichtsversuch innerhalb eines Englisch-Leistungskurses […] Eine Demonstration mit Schülern und Lehrern der IGS Roderbruch."

Im Oktober 1978 wird unter der Überschrift „Für eine kinderfreundliche Schule" „Lernen ohne Zwang" von Günther Hörmann gezeigt, ein Film über den „Schulversuch Glocksee" in Hannover. Es diskutieren und informieren „Lehrer und Eltern des Schulversuchs" sowie der wissenschaftliche Mentor des Projektes, der Soziologe Oskar Negt.

Die Filmwerkstatt

Im Monatsprogramm vom Mai 1975 findet sich ein „[w]ichtiger Hinweis: Das Kommunale Kino Hannover hat eine weitere Aktivität vorbereitet, die ‚Filmwerkstatt'. Hier wird die Möglichkeit geboten, praktisch mit dem Medium Film zu arbeiten, d. h. ein jeder kann Filme machen und machen lernen. Ein umfangreicher Gerätepark wird zur Verfügung stehen." Weiter heißt es: „Durch die praktische Erfahrung mit dem Material Film/Fernsehen erst ist eine Basis für das Ziehen von Folgerungen auf das eigene Verhalten möglich. Die praktische Filmarbeit ist somit ein notwendiger Bestandteil medienpädagogischer Arbeit. Nur so ist die Möglichkeit gegeben, die starke Trennung von Produzent und Konsument aufzuheben und in den bisher einseitigen Kommunikationsprozess eigene Äußerungen einzubringen. Ziel dieser Arbeit ist, die Befähigung zu erlangen, selbst Gedanken, Ereignisse und Prozesse in die Filmsprache zu übertragen und dadurch in die Lage versetzt zu werden, die Manipulationsmöglichkeiten und Konsumzwänge der visuellen Medien zu erkennen und ihnen zu begegnen." Fünf Arbeitskreise (Projektgruppen) werden zunächst angeboten: ein Grundkurs für Jugendliche, einer für Erwachsene, audiovisuelles Spielen und Lernen im Vorschulalter für Kinder, Filmproduktion für Jugendliche und für Erwachsene.

Das Angebot funktioniert. Im Monatsprogramm vom Oktober heißt es: „Wir bedauern mitteilen zu müssen, dass bis Ende des Jahres 1975 alle Kurse ausgebucht sind. Zur Zeit wird in 5 Projektgruppen gearbeitet, und leider sind wir nicht in der Lage, noch mehr Kurse parallel anzubieten."

Im Februar 76 werden dann tatsächlich neue Projektgruppen angeboten, zum Dokumentarfilm, zur „filmischen Realisierung von Kurzprosa" und erneut zwei Grundkurse. Die Filmwerkstatt erweist sich als ein Erfolgsmodell. Im November 1978 bietet Karl-Heinrich Weghorn, Dozent für Film an der HBK Braunschweig, eine „Einführung in die experimentelle Filmpraxis" in den Räumen der Filmwerkstatt im Pavillon am Raschplatz an. Im Januar 1979 gibt es das Angebot „Praktische Filmarbeit für Kinder und Jugendliche". Unter Anleitung werden Trickfilme produziert, gemalt oder mit Legetrick erstellt. Für Erwachsene gibt es eine „Einführung in die Filmarbeit mit Super-8".

Die Angebote der Filmwerkstatt werden ergänzt durch Seminare und Kurse an der Volkshochschule. Im Februar 1976 startet der Kurs „Vom Filmerlebnis zur Filmanalyse. Die Teilnehmer dieses Kurses werden gemeinsam Filme sehen, vor allem aus der Frühzeit des Films, und eine Methode kennenlernen, die Struktur eines Filmes schnell und sicher zu erfassen. Diese Technik ist nicht etwa nur für Filmemacher interessant, sondern für jeden, der den ‚raschen Fluss der Bilder', z. B. am Fernsehschirm gegliedert wahrnehmen will. Auf diese Weise wird eine Grundlage erarbeitet, die es ermöglicht, sich kritisch mit den Wirkungen des Films auseinanderzusetzen."

Im selben Monat startet das Angebot „Selbsterfahrung als Medienexperiment. Sensibilität durch Selbsterfahrung – ausgedrückt unter Verwendung verschiedenster Medien – das etwa ist das Thema dieses experimentellen Kurses. Die Teilnehmer werden im Zusammenwirken mit dem Leiter des Kommunalen Kinos versu-

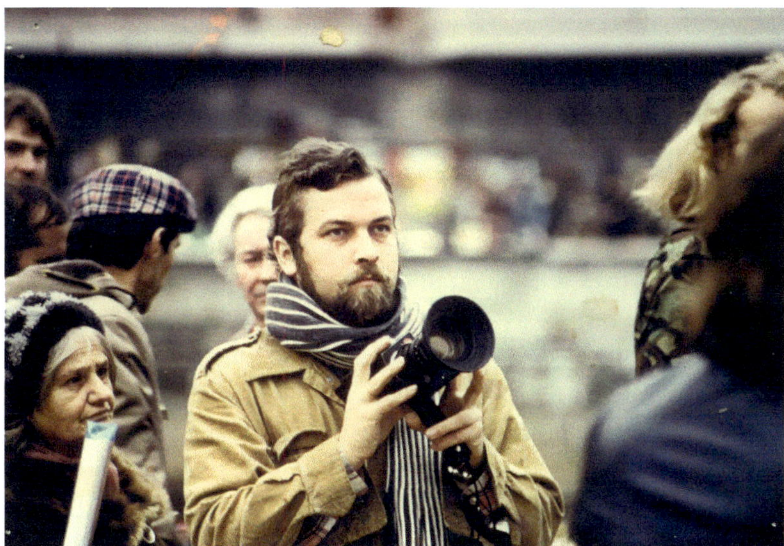

Sigurd Hermes
© Kommunales Kino

chen, über Fotos, Dias, Tonbänder sich selbst in ihren Anfängen zu ermitteln und, vergleichbar dem literarischen Werk Kempowskis, nur unmittelbarer, Spurensicherung und Selbstaussage wagen. […] [Es] sollte die Bereitschaft bestehen, engagiert diesen neuen Weg mitzugehen."

Im April des Jahres gibt es im Lister Turm „Vorübungen zum Filmsehen und Filmerleben. Beim Filmsehen geht es nicht allein darum, die Handlung zu verstehen. Die Folge der Bilder, die flächige und räumliche Komposition jeder Einstellung, die Details sind bei einem guten Film aufeinander abgestimmt und bestimmen mit der Handlung zusammen den Filminhalt."

Die „stürmische See" der frühen Jahre – 1974–1979

Sigurd Hermes und sein kleines Team müssen, letztendlich noch immer tief in den Startlöchern, erleben, wie bereits wenige Monate nach Aufnahme der Programmarbeit das Koki wieder in Frage gestellt wird. Im Kulturausschuss des Rates wird die Frage gestellt, ob es denn angestrebt sei, dass das Koki sich absehbar selbst tragen werde. Im Filmbeirat gibt dessen Vorsitzender, der SPD-Ratsherr Hermann Beddig, dazu zu bedenken: „Bei der Beantwortung müssten auch die breitgefächerten Aufgaben und Veranstaltungen ohne Entgelt gewertet werden."[76] Er argumentiert vorsichtig, versucht deutlich zu machen, dass ein Koki etwas ganz anderes ist als ein kommerzielles Lichtspielhaus, einen ganz anderen Mehrwert produziert. Er wird, als einer der Wegbereiter der Koki-Gründung, damals schon gespürt haben, dass es in der kommunalen Kulturpolitik – trotz aller zunächst an den Tag gelegten Aufbruchsstimmung in den Fraktionen – an Verständnis für die Notwendigkeit einer Förderung und Subventionierung von Filmkunst mangelt. Kino: Ist das wirklich Kunst? Ist das nicht ein Wirtschaftsfaktor? Können das andere nicht viel besser? Theater, Literatur, Musik – okay. Aber Film und Kino? Müssen wir das fördern? Große, große Fragezeichen, die sich dem Koki über die nächsten 50 Jahre einbrennen werden wie Brandzeichen in die Rinder eines John-Ford-Westerns.

Alfred Paffenholz regt im Filmbeirat an, einmal zu vergleichen, welche Zuschüsse denn andere Kultureinrichtungen überhaupt erhalten, um hier die Relation herzustellen. In der gleichen Beiratssitzung werden die Programme im Apollo als Erfolg verbucht; Sigurd Hermes gibt einen enthusiastischen Ausblick auf die kommende „kinomobile Arbeit", seine geplanten Projekte in den Schulen, in den Seniorenheimen.[77] Nichtsdestotrotz werden jene Stimmen immer lauter, die darüber nachdenken, ob angesichts der prekären finanziellen Lage der Stadt die Koki-Aufgaben nicht doch von anderen Kinos wahrgenommen werden können.

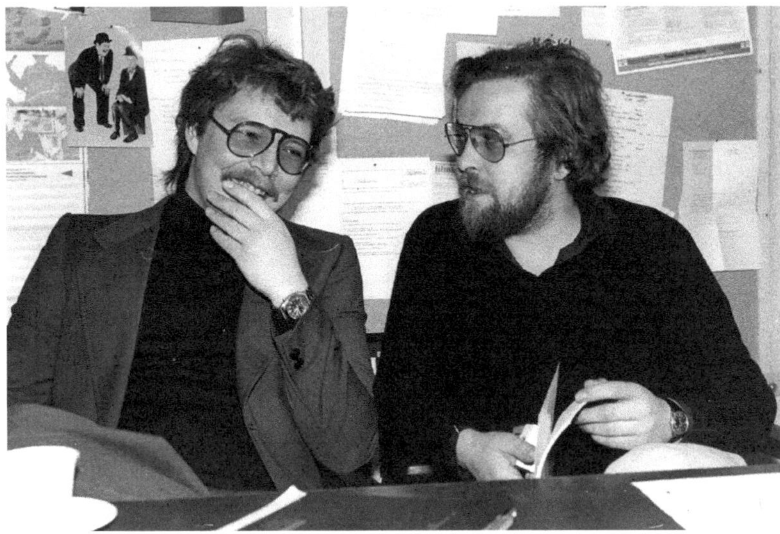

Hans-Joachim Flebbe und Sigurd Hermes im Gespräch
© Kommunales Kino

Aber Koki und Beirat halten zunächst Kurs, peilen immer wieder mögliche feste Spielstellen an. Vielleicht im „Defaka-Pavillon“ (heute Kulturzentrum Pavillon, d. Verf.)?[78] Oder im UFA-Theater am Kröpcke?[79] Szenarien, die aus unterschiedlichen Gründen nicht Wirklichkeit werden. Hermes kann berichten, dass auf den Westdeutschen Kurzfilmtagen in Oberhausen das Kommunale Kino Hannover als modellhaft hervorgehoben wurde, und Beirat Paffenholz gibt zu bedenken, dass „gerade in der Kulturpolitik die Zahlen und das Geld nicht von ausschlaggebendem Einfluss sein sollten. Ein junges Kind müsse laufen lernen“.[80]

Gegen eine mögliche Schließung des Koki gibt es durchaus lautstarke Proteste, vor allem auch aus dem Kulturbereich. „Sorgenkind Kommunales Kino“ wird die Neue Hannoversche Presse nur wenige Monate nach Gründung schreiben. „In einem Appell an Oberbürgermeister, Oberstadtdirektor, Rat und Verwaltung hat die Abteilung Schauspiel der Hochschule für Musik und Theater sich entschieden dagegen ausgesprochen, unter Hinweis auf die angespannte Finanzlage der Stadt an eine Einstellung des kaum erst geschaffenen Kommunalen Kinos zu denken. Als Vorsitzender des Kinobeirats betonte SPD-Ratsherr Hermann Beddig […] die Notwendigkeit, dem Experiment wenigstens die Anlaufzeit von einem Jahr zu gewähren.“[81]

Politik und Verwaltung diskutieren weiter, und der Filmbeirat schaltet sich immer wieder ein in die Debatte um das Schicksal der jungen Einrichtung. „Was wird aus dem ‚Ko-Ki‘?“, fragt im Oktober 1975 erneut die Neue Hannoversche Presse. „Wird das Kommunale Kino (‚Ko-Ki‘) trotz der angespannten Finanzlage der Stadt auch 1976 noch arbeiten können oder wird es dem Rotstift zum Opfer fallen? Diese Frage wird im November den Rat der Stadt im Zuge der Verabschiedung des Etats beschäftigen. […] [Stadtdirektor Lauenroth:] ‚Irgendeinen Platz in der Verwaltung werden wir für die Mitarbeiter des Kommunalen Kinos schon finden.‘“[82]

Und tatsächlich: Im Haushaltsentwurf der Landeshauptstadt für das Jahr 1976 sind dann plötzlich keine Mittel für das Koki mehr vorgesehen. Eine Entscheidung der Verwaltung „auf dem Gesamthintergrund des Haushaltes“, wie es im Beiratsprotokoll heißt. Alfred Paffenholz spricht Klartext: „Der Beirat brauche sich nicht die Köpfe der Haushaltsexperten zu zerbrechen; wenn deren Entscheidung den Wünschen des Beirates zuwiderlaufe, sei es an der Zeit, die Öffentlichkeit zu informieren.“ Das Gremium steht zusammen und formuliert: „Der Filmbeirat […] empfiehlt dem Rat, insbesondere im Hinblick auf die sehr positive Entwicklung in den letzten Monaten, das Kommunale Kino zu erhalten“.[83]

Und es kommt Schützenhilfe. Im November 1975 meldet sich eine „Bürgerinitiative für das Kommunale Kino in Hannover“ zu Wort. Oberbürgermeister Schmalstieg werden 3034 Unterschriften übergeben. Diese Bürgerinitiative „ist der Ansicht, dass eine Schließung des Kommunalen Kinos unverantwortlich wäre“. Auf die einzige Möglichkeit, in Hannover künstlerisch wertvolle Filme zu sehen, wird verwiesen, auf die gesellschaftliche Bedeutung der kinomobilen Arbeit, auf die Filmwerkstatt. „Jeder sachlichen Grundlage entbehrt das Argument, dass das Angebot des Kommunalen Kinos von kommerziellen Kinos übernommen werden kann. Dieses bestätigen wohl auch die Spielpläne der Lichtspielhäuser in Hannover.

Trotz der derzeitig schwierigen Finanzsituation appellieren wir an Sie, sehr geehrter Herr Oberbürgermeister, sowie an alle Fraktionen des Rates der Stadt Hannover, sich für die Erhaltung des Kommunalen Kinos Hannover einzusetzen."[84]

Auch der Beirat hält weiter dagegen und beschließt „mit 6 gegen 2 Stimmen, den Fraktionen, dem Kulturausschuss und dem Verwaltungsausschuss zu empfehlen, dass das Kommunale Kino in der bisherigen selbständigen Form [...] weitergeführt werden soll."[85]

Das Koki überlebt. Mit politischen Kompromissen, mit vorübergehenden Galgenfristen. Im Verlauf der Jahre 1977 und 1978 entwickelt das Koki noch einmal ganz eigene Pläne. Sigurd Hermes möchte seine feste Spielstätte im Raschplatz-Pavillon einrichten. Umbaupläne liegen vor, die Finanzierung scheint tatsächlich gesichert. Die Projektionsanlagen mit der Möglichkeit, Stummfilme in Originalgeschwindigkeit abzuspielen, eine große Leinwand, 160 Plätze mit Rollstuhleinstellplätzen und Kopfhörern für höreingeschränkte Menschen, eine technische Installation zum Live-Einsprechen nicht-synchronisierter Filme: Alles ist geplant. Im April 1979 soll es im Raschplatz losgehen.[86] Doch Mitte 1978 steht plötzlich wieder alles in Frage. „[D]er Ausbau der zentralen Spielstelle des Kommunalen Kinos im Pavillon am Raschplatz ist weiter ungewiss", berichtet die Hannoversche Allgemeine. „[D]ie vom Rat bereitgestellten 400.000 Mark [werden] nicht ausreichen, um den Ausbau in absehbarer Zeit auszuführen."[87] Es geht um den notwendigen Einbau einer Klimaanlage.

Was folgt, ist eine Art Achterbahnfahrt. Im Juli titelt die Neue Hannoversche Presse: „Endlich Start für Koki-Bau. Nach monatelangem Tauziehen hat der Kulturausschuss nun endlich, gegen die Stimmen der CDU, den Auftrag erteilt, mit dem vom Rat längst beschlossenen Bau der Zentralen Spielstelle [...] zu beginnen."[88] Doch der Euphorie folgt die Ernüchterung. Im Oktober ist klar: „Aus dem Bau der zentralen Spielstelle [...] wird nichts. Die Verwaltung hat den Ratsfraktionen empfohlen, das nach jahrelangen Kämpfen endlich verabschiedete Projekt im Zuge der Etat-Reduzierung zu streichen. Erste Reaktion beim Koki-Leiter Sigurd Hermes und beim Filmbeirat: Bestürzung."[89] Doch die Misere, absehbar weiter unter unzureichenden Bedingungen Kino machen zu müssen, bleibt das kleinere Problem, angesichts der nächsten lauernden Gefahren.

Im November 1978 stellt die CDU-Ratsfraktion erneut den Antrag, die Mittel für das Koki ersatzlos zu streichen. Der Antrag wird aber von der Ratsmehrheit abgelehnt. „Das Kommunale Kino am Raschplatz soll erhalten bleiben und entsprechend dem von der Stadtverwaltung vorgeschlagenen Modell in Zusammenarbeit mit dem Fairbanks-Kino betrieben werden. Das hat der Kulturausschuss empfohlen."[90] Was die Hannoversche Allgemeine Zeitung hier etwas konfus und vorgreifend andeutet, ist die Tatsache, dass es schon länger Überlegungen gibt, das Koki im Kino am Raschplatz „unterzubringen". Neben allen Kosten- und Zuschussfragen ist klar, dass aufgrund der dauerhaft nicht tragbaren Rahmenbedingungen der Abspielorte in den Stadtteilen eine kinoadäquate zentrale Spielstätte notwendig ist. Zur klaren Profilierung gehört in letzter Konsequenz ein klar definierter Ort.

So kommt es Anfang 1979 tatsächlich erneut zu einer Übereinkunft mit Hans-Joachim Flebbe: Das Koki wird „Untermieter" im Kino am Raschplatz, verfügt damit nun von heute auf morgen über die Möglichkeit, an sieben Spieltagen bis zu drei Vorstellungen pro Tag zu programmieren. Es kann die Anzahl seiner Vorstellungen verdoppeln und bietet „damit quantitativ das größte Repertoire aller kommunalen Spielstellen."[91] Die Neue Hannoversche Presse charakterisiert dieses bundesweit einmalige Modell mit den Worten „Kommerz paktiert mit der Kommune". „[E]ndlich ein festes

Dach, auch wenn es kein eigenes Haus ist“, heißt es weiter. Oberbürgermeister Schmalstieg wird zitiert, der der Koki-Arbeit „einen festen Stellenwert im kulturellen Leben der Stadt“ bescheinigt. „Kulturdezernent Prof. Bungenstab hofft, dass, was in Hannover schon selbstverständlich ist, im Sinne des Städtetages als Beispiel nach draußen wirkt. […] Flebbe steigt mit der Devise ‚Lieber miteinander als gegeneinander‘ in das Abenteuer ein.“[92]

In der Programmgestaltung beider Häuser wird nun auch deutlich, welche Früchte die Pionierarbeit des Koki in den ersten fünf Jahren bereits getragen hat. „‚Als wir Fassbinder gezeigt haben, wollte keiner Fassbinder zeigen, ebenso die ersten Werke von Werner Herzog, der Schamoni-Brüder oder Wim Wenders‘, erinnert sich Sigurd Hermes. Nun liefen die Filme der ‚neuen deutschen Filmemacher‘ erfolgreich in den Flebbe-Kinos. Die Koki-Macher erfüllte dies einerseits mit Stolz, andererseits wurde diese Entwicklung auch mit gemischten Gefühlen wahrgenommen.“[93]

Am 30.3.1979 verabschiedet sich das Koki aus seiner nomadisierenden Existenz. In Zusammenarbeit mit der IG Metall Jugend wird im Lister Turm zum Abschied „Nacht und Nebel“ von Alain Resnais gezeigt. Der April-Flyer lädt dann mit neuem Erscheinungsbild zur Eröffnung im Kino am Raschplatz am 5. April ein. Im Programm: Patricio Guzmáns „Die Schlacht von Chile“ und „Die Volksmacht“. „Anschließend Umtrunk“. Mehr ist nicht zu lesen. Nicht nur das Programm, auch die Lage für das Koki bleibt in den nächsten Jahren weiterhin ernst.[94] Ein Blick in die Chronik macht es deutlich.

Vom „König ohne Land“ zum „Ritter“ – eine Koki-Chronik 1974–1994[95]

Oktober 1974 bis April 1979

Das Koki verfügt über keine feste Spielstätte, bespielt die Freizeitheime Lister Platz, Vahrenwald und Ricklingen sowie das Apollo-Kino in Linden. Kinoleiter Sigurd Hermes ist, mit anderen Worten, „König ohne Land“. Im August 1975 wird der Spielbetrieb im Freizeitheim Ricklingen aufgrund filmtechnischer Mängel eingestellt. Generell bieten die Räumlichkeiten in den Freizeitheimen auf Dauer keine Kinoatmosphäre. „Die meisten Besucher hatte das KoKi denn auch am wöchentlichen ‚Filmkunsttag‘ im ‚Apollo‘, wo das Programm an allen anderen Tagen übrigens von Hans-Joachim Flebbe gestaltet wurde.“[96] 1978 eröffnet Flebbe das Kino am Raschplatz als innovatives Programmkino mit zunächst drei Sälen. Im April 1979 zieht das Koki hier für die nächsten Jahre als Untermieter ein. (Details siehe oben!)

Mai 1979

Clara Malraux, Schriftstellerin und Résistance-Kämpferin, ist zu Gast. Anlass ist die Aufführung des Films „Espoir – Hoffnung“, Frankreich 1939, über den Spanischen Bürgerkrieg. Regisseur und Autor: ihr vormaliger, 1976 verstorbener Ehemann, der Literat, Politiker und Abenteurer André Malraux.

Die Medienwerkstatt Linden e.V., im Jahr zuvor als „gegenöffentliche“ studentische Stadtteilinitiative gegründet, präsentiert Video-Filme über den Gorleben-Treck.

Zu sehen ist auch ein umfangreiches Auswahlprogramm des 9. Internationalen Forums des jungen Films, nur zwei Monate nach Ende der Berlinale.

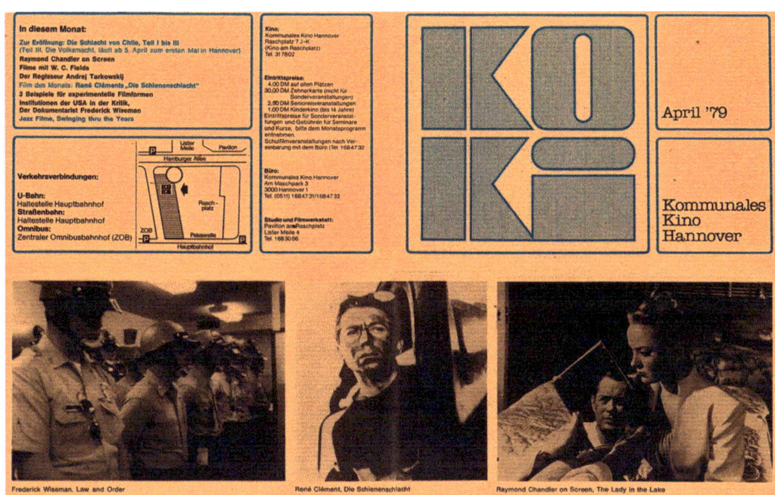

Aus dem Programm 4‘79
© Kommunales Kino

Juni 1979

Der Monat gehört erneut Eisensteins „Panzerkreuzer Potemkin“, der an mehreren Tagen zu sehen ist. Weiter: Werkschau Truffaut, Dashiell Hammett on Screen.

Sowohl der Panzerkreuzer als auch Truffauts „Fahrenheit 451“ werden auch für Schulklassen angeboten.

Juli 1979

Neben einer Werkschau Nagisa Oshimas gibt es die Filmreihe „Nietenhosen und Petticoats – Musik- und Jugendfilme aus den 50er Jahren“.

August 1979

Werkschauen Akira Kurosawa und Wassilij Schukschin.

September 1979

Film des Monats ist Herbert Achternbuschs „Der junge Mönch“. Retrospektive Friedrich Wilhelm Murnau, Werkschau: Federico Fellini.

Filmbeiratsvorsitzender Hermann Beddig leitet ein zweitägiges Seminar zur Wirkungsanalyse von Kriegs- und Antikriegsfilmen.

Oktober 1979

„Offene Leinwand“ heißt ein neues Projekt, ein Programm, das von jungen Filmemachern selbst gestaltet wird. In den kommenden Monaten wird es vom hannoverschen Filmemacher und Bildhauer Ulli Hoffmann zusammengestellt. Die Veranstaltungsreihe will jungen Filmschaffenden ein Forum des Austauschs bieten.

November 1979

„Adolf-Grimme-Preis unterwegs“. Eine Diskussion über den Dokumentarfilm im Fernsehen am Beispiel der mehrteiligen TV-Produktion „Emden geht nach USA“ von Klaus Wildenhahn. Zu Gast: der Regisseur und Dokumentarfilmer Wildenhahn, Gisela Tuchtenhagen, eine der ersten Dokumentarfilm-Kamerafrauen in der Bundesrepublik, und der kreative und schillernde Regisseur, Drehbuchautor und Produzent Horst Königstein, seinerzeit NDR.

Retrospektive Herbert Achternbusch, Werkschau mit Seminar: Pier Paolo Pasolini.

Dezember 1979

Die bisher angebotene „Zehnerkarte“ entfällt. Stattdessen bietet das Koki ab sofort die Möglichkeit, das Kino zu fördern. Für 15,- DM pro Jahr kann man Förderin oder Förderer des Koki werden, erhält damit u. a. 25 % Ermäßigung auf den regulären Eintritt. Zum damaligen Zeitpunkt: 3,- statt 4,- DM.

Zu Gast ist der japanische Filmemacher Taka Ilmura. Er präsentiert zwei Programme mit japanischen Experimentalfilmen.

„Neue Filme aus Portugal“ reflektieren die Nelkenrevolution des Jahres 1974 und die Folgen, darunter „Trás-os-Montes“ von António Reis und Margarida Martins Cordeiro und „Die Waffen und das Volk“ vom Colectivo dos Trobalhadores da Actividade Cinematográfica“.

Filmtage Hannover 79: „Zirka 50 Filmmacher haben fast 10 km Film eingereicht.“ Zu sehen sind u. a. Filme von Timm Ulrichs, Burkhard Inhülsen, Harald Inhülsen, Rudi Dornis, Alexandra Schatz, Christoph Janetzko und Sigi Neumann.

Januar 1980

Retrospektiven von Stanley Kubrick, Kenji Mizoguchi und Dore O.

Weiter: experimenteller Film aus Ungarn, Polen und Jugoslawien.

Februar 1980

Wilhelm und Birgit Hein präsentieren unter der Überschrift „Experimentelle Filmformen“ ihr Programm „‚Supermann und Wonderwoman‘ […], eine Filmshow mit Multiprojektoren und Live-Auftritten.“

Nur zwei Tage später ein Seminar: „John Ford – das Kino des Amerikanischen Traums.“ Dann Carlos Saura und iranische Spielfilme.

März 1980

Filme des amerikanischen Independent-Filmemachers Jon Jost und Filme zum Thema Energie, heißt: Thema Atomkraft. Zu sehen ist u. a. „Die Herren machen das selber, daß ihnen der arme Mann feyndt wird“, eine Produktion der Wendländischen Filmcooperative über den Widerstand gegen die geplante Wiederaufbereitungsanlage für Atommüll in Gorleben, Deutschland 1979.

April 1980

Die Fernsehserie „Holocaust – und was wir daraus hätten lernen können“. Ein Seminar des Koki in Kooperation mit der Volkshochschule Hannover über drei Wochenenden. Ein ex- und intensiver Versuch, die bundesdeutsche Rezeption dieser amerikanischen TV-Serie kritisch zu reflektieren.

Weiterhin: Karl Valentin und Billy Wilder.

Mai 1980

Wolfgang Ruf, Leiter der Westdeutschen Kurzfilmtage Oberhausen, stellt die aktuellen Preisträger persönlich vor.

Heinz-Gerd Rasner und Reinhard Wulf, beide Referenten sind in dieser Zeit häufiger zu Gast im Koki, bieten ein Seminar zu Billy Wilder an. „Das Seminar versteht sich […] als Anleitung zu differenzierter Filmrezeption“.

Die „Filmbörse Entwicklungspolitik“ findet als zweitägiges Informationsangebot im Koki statt. Ein Programm u. a. zu den Themen „Neue Weltwirtschaftsordnung“, „Dritte Welt-Tourismus“, „Kinder in der Dritten Welt“.

Juni 1980

Werkschauen und thematische Reihen: Luis Buñuel, jiddisches Kino, Kino aus Kuba, Psychiatrie im Film.

Juli 1980

In Zusammenarbeit mit dem Südamerika-Zentrum Hannover und mit anschließender Diskussion: „Iracema“ von Jorge Bodanzky, Orlando Seuna, Brasilien/Deutschland 1975.

August 1980

Das Koki präsentiert sich auf dem Altstadtfest Hannover mit einem Weltrekord-Versuch. „Wir zeigen den ‚Längsten Film der Welt‘, den die Hannoveraner in diesem Sommer gemeinsam drehen“.

Anfang August ist in der Hannoverschen Allgemeinen zu lesen: „Nur noch wenige Filmmeter fehlen am längsten Film der Welt, dem 25-Stunden-Rekord, zu dem das Kommunale Kino und die Hannoversche Allgemeine aufgerufen haben. Bis zum 15. August ist der Einsendeschluss deshalb verschoben worden und alle hannoverschen Hobbyfilmer sind noch einmal aufgefordert, ihren Beitrag zum Superstreifen ‚Alles was ich liebe‘ auf S-8-Farbfilmen im Büro des Kommunalen Kinos, Friedrichswall 15, abzuliefern. […] Nach der Reihenfolge der Einsendungen hat Vorführer Günther Möhrmann schon über 500 Meter Filmband auf 15 Riesenspulen in dreitägiger Klebearbeit montiert. Auch Günther Möhrmann strebt Weltmeisterehren an. Er will den Film Tag und Nacht ohne Ablösung projizieren, um den Vorführerrekord zu erringen.“[97] Der Film wird letztendlich eine Länge von 32,5 Stunden haben!

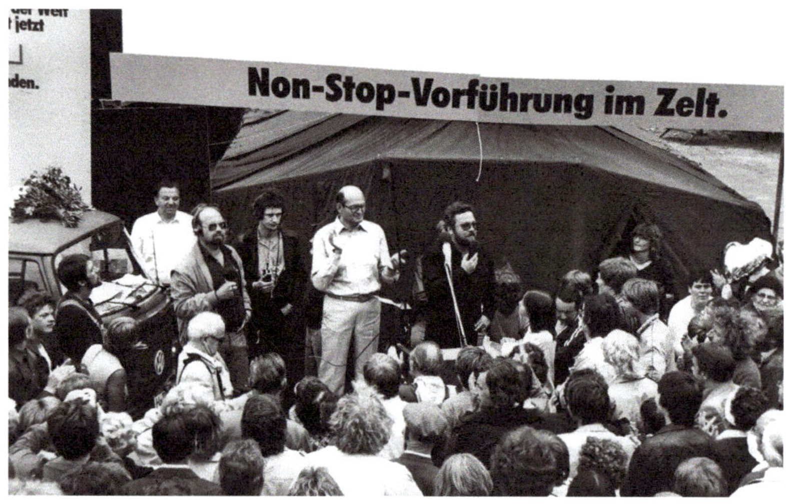

Der längste Film der Welt auf dem Altstadtfest Hannover
© Kommunales Kino

September 1980

Das italienische Kino – Regisseure des Neorealismus, ihre Entwicklung und ihre Nachfolger.

Oktober 1980

Angebot im Koki: „Ausbildungsseminar für Mitarbeiter von nichtgewerblichen Spielstellen“. Gastreferenten: Horst Schäfer, Kulturbehörde Hamburg, Walter Schobert, Leiter des Kommunalen Kinos Frankfurt.

Es gibt ein Filmprogramm und Gesprächsrunden zu „aktuellen Fragen zur nichtgewerblichen Filmarbeit“ oder zur „Programmarbeit und Konzeption der unabhängigen Spielstellen“.

Seminarauftakt: „Der Mythos des Western“ – eine Kooperation mit der Universität Hannover. Seminarleitung hat Ralf Schnell, der dort 1981 Professor für Neuere deutsche Literaturgeschichte, u. a. mit dem Schwerpunkt Theorie und Praxis audiovisueller Medien, wird. Dieses Seminar wird nicht die einzige Zusammenarbeit mit Ralf Schnell bleiben.

Das Koki macht seinen Job, ist im Wortsinne eine „Schule des Sehens“. Doch im administrativ-politischen Hintergrund wird seine Arbeit immer wieder in Frage gestellt. Die Neue Hannoversche Presse titelt am 1.10.: „Beim Koki wird Erfolg bestraft – Gemischte Gefühle beim Kommunalen Kino: Aufwind im Publikumsinteresse, Steigerung der Besucherzahl um 42 Prozent gegenüber dem Vorjahr – Abwind in der Förderung durch die Stadt, Vorschlag der Verwaltung, den Zuschuss um 141.000 Mark zu kürzen [...] In seiner Etatrede hatte Oberstadtdirektor Lehmann-Grube den Ansatz für das Kommunale Kino lapidar als ‚unvertretbar hoch‘ bezeichnet. Die vorgeschlagene Streichung wäre die rigoroseste im gesamten Kulturbereich und würde dem Koki die Erfüllung seines Auftrags unmöglich machen.“[98]

November 1980

Die Künstlerin und Filmemacherin Rotraud Pape ist zu Gast.

Dezember 1980

Zu Gast in Hannover ist Lutz Mommartz, Experimentalfilmer, Hochschullehrer und Leiter der Filmklasse der Kunstakademie Düsseldorf, mit seinem neuen Film „Tango durch Deutschland“. Mit dabei im Koki: sein Hauptdarsteller Eddi Constantine.

Januar 1981

„Marginalien zur eigenen Sache. Liebe Filmfreunde, meine sehr geehrten Damen und Herren! Auf Grund der notwendigen Sparmaß-

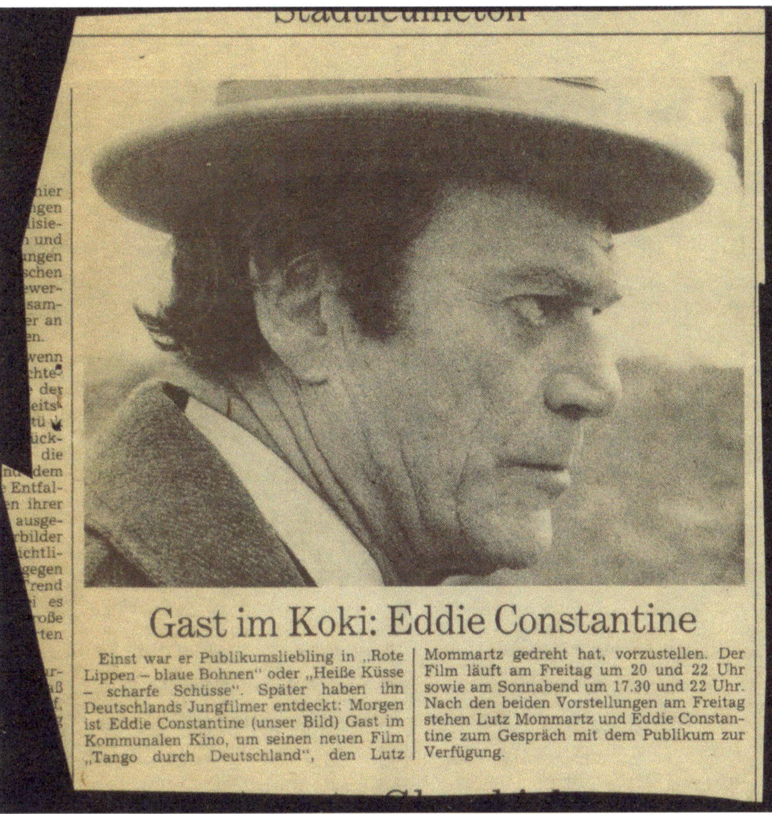

Gast im Koki: Eddie Constantine

Einst war er Publikumsliebling in „Rote Lippen – blaue Bohnen“ oder „Heiße Küsse – scharfe Schüsse“. Später haben ihn Deutschlands Jungfilmer entdeckt: Morgen ist Eddie Constantine (unser Bild) Gast im Kommunalen Kino, um seinen neuen Film „Tango durch Deutschland“, den Lutz Mommartz gedreht hat, vorzustellen. Der Film läuft am Freitag um 20 und 22 Uhr sowie am Sonnabend um 17.30 und 22 Uhr. Nach den beiden Vorstellungen am Freitag stehen Lutz Mommartz und Eddie Constantine zum Gespräch mit dem Publikum zur Verfügung.

Hannoversche Allgemeine Zeitung, 11.12.1980 (Stadtarchiv Hannover)

nahmen im Haushalt der Landeshauptstadt Hannover wird voraussichtlich der Rat Mitte Dezember beschließen, dass das Kommunale Kino Hannover mit weniger Geld wirtschaften muss als bislang. Bedeutende Konsequenzen zeichnen sich jetzt schon ab: Wir sind gehalten, die Einnahmen zu erhöhen, [...] d. h. die Kinokarte kostet ab 1. Januar 1981 5,50 DM [...] Da auch die Mittel für Werbung um etwa 30 % gekürzt werden, sind wir gehalten, ab Januar 1981 ein in der Form bescheideneres Monatsprogramm herauszugeben. [...] Mit freundlichen Grüßen Sigurd Hermes.“ Aus dem Programmflyer.

Februar 1981

Schweizer Filmwochen. Retrospektive Rainer Werner Fassbinder.

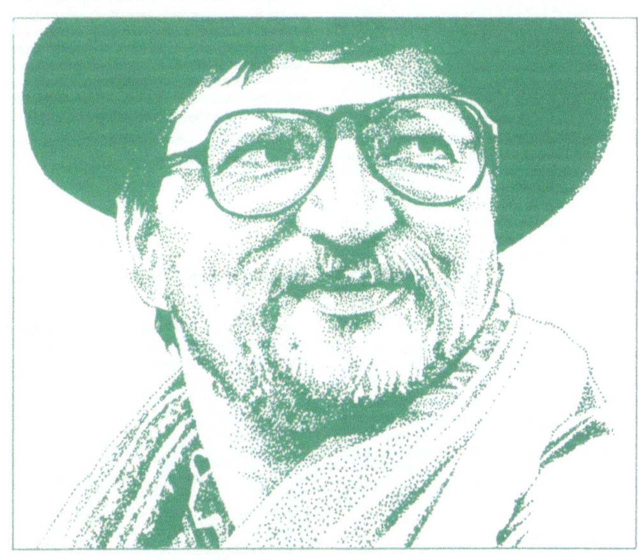

Retrospektive

Rainer Werner Fassbinder

Eine Veranstaltungsreihe
des Kommunalen Kinos der Landeshauptstadt Hannover
im Künstlerhaus, Sophienstraße 2
Telefon 1 68-47 32

Titel der Publikation zur Fassbinder-Retrospektive (Stadtarchiv Hannover)

März 1981

Sonderveranstaltung im Freizeitheim Lister Turm: Das Zauberkino des George Méliès. Erstaufführung von 20 Kurzfilmen des Filmpioniers. Zu Gast: die Enkelin Madeleine Malthête-Méliès.

April 1981

Aus dem Programmflyer: „Noch vor dem Urlaub: Besser filmen lernen! – Neuer S-8 Grundkurs“.

Mai 1981

Filmseminar für Frauen im Raschplatz-Pavillon.
„Bilder bauen – Realität (ver)setzen“ – Räume in experimentellen Filmen von Frauen.

Referentinnen sind u. a. die Lyrikerin und Schriftstellerin Ginka Steinwachs sowie die Medienkünstlerin, Malerin und Autorin Monika Funke Stern.

Juni 1981

Filmreihe „Wohnraum ist Lebensraum“.

Juli und August 1981

Kinderkino als Ferienpassaktion.

September 1981

„Der Mann, der das Kino liebt“ – François Truffaut – Seminar und Werkschau.

Oktober 1981

Ende Oktober titelt die Neue Presse: „Rotstift als tödliche Waffe gegen das Koki. Wenn es nach den Vorstellungen der Stadtverwaltung geht, muss das Kommunale Kino mit dem 31. Dezember 1982 seinen Betrieb einstellen. […] Die Entscheidung liegt beim neuen Rat. Er wird dabei bedenken müssen, dass er mit der Schließung des Kommunalen Kinos eine der nicht zahlreichen kulturellen Initiativen der Stadt begrübe, die überregionale Maßstäbe gesetzt haben“.[99]

Und weiterhin ist in der HAZ zu lesen:

„Die liberalen Totengräber – Hannovers FDP will das Kommunale Kino abschaffen.

In Hannover bahnt sich, fast unbemerkt von der Öffentlichkeit, ein veritabler Skandal an. Es geht um den unglaublichen Parteien-Kuhhandel um die Abschaffung des Kommunalen Kinos […]. Ein solcher Exitus ist schon seit Jahren der Wunschtraum der kommunalen CDU, die hier stets eine unübersichtliche Spielwiese der Linken witterte. Jetzt hat sie die Genugtuung, dass die lokale FDP sich diesen Wunsch gleichfalls zu eigen gemacht hat, aus finanziellen Gründen. […] Die CDU kann sich über einen derart kompetenten Weggefährten freuen. Die SPD, der die Schaffung und der geduldige Ausbau des Kommunalen Kinos Hannover zu einer der geachtetsten unter den ca. 150 kommunalen Spielstellen in der Bundesrepublik zu danken ist, kann nur zittern. Bei dem Gerangel um den Posten des Oberbürgermeisters der Stadt ist sie auf die FDP-Stimmen dringend angewiesen.“[100]

Programmflyer 15.10.: „Wir feiern Geburtstag – Das Kommunale Kino wird 7 Jahre alt. Aus diesem Anlass haben wir einige Spezialitäten für Auge, Ohr und Gaumen zusammengestellt.“ Leider wissen wir nicht, welche Gaumenfreuden hier finanzierbar gewesen sind.

Beginn einer umfassenden Werkschau der Filme Andy Warhols. Zeitgleich feiert in der Kestnergesellschaft in der Warmbüchenstraße eine Ausstellung mit 60 Bildern des Künstlers aus den letzten 20 Jahren ihre Vernissage. Der Meister ist anwesend

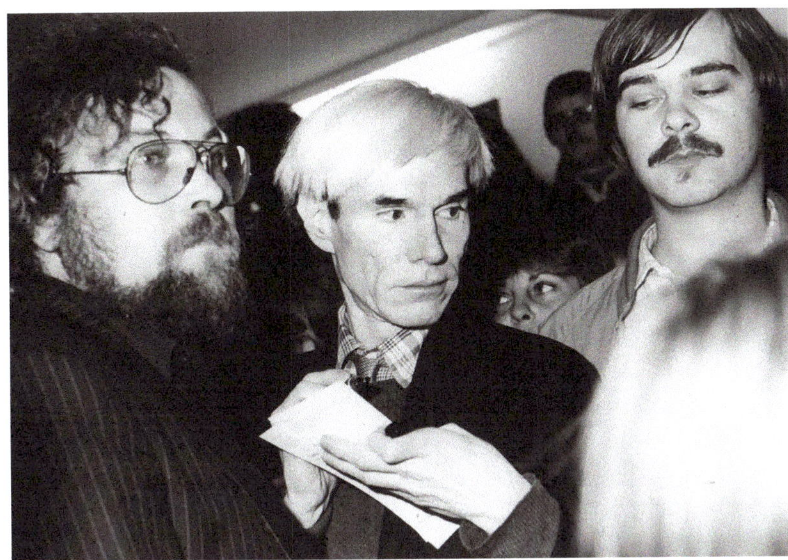

Sigurd Hermes (links), Andy Warhol (Mitte)
© Kommunales Kino

und das Interesse riesig. „Belagert von Autogrammjägern wie Beckenbauer in seinen besten Zeiten sitzt ein blasser Blonder auf einem Schemel und schreibt wieder und wieder seinen Namen aufs Papier,“[101] beschreibt die Neue Presse die Szenerie. Sigurd Hermes ist an diesem Abend vor Ort – und trifft „den blassen Blonden“.

November 1981

Zu Gast ist der ungarische Künstler Gábor Bódy, Mitbegründer der K3-Experimentalgruppe, bekannt für seine innovativen Arbeiten mit Video und Computer. Er präsentiert eigene Filme.

Dezember 1981

Der Kunstverein Hannover protestiert lautstark gegen städtische Schließungsabsichten.

In der BILD vom 4. Dezember heißt es: „KOKI muss bleiben!“ Und zitiert wird aus einem offenen Brief an Oberstadtdirektor Lehmann-Grube: „Das wäre ein großer geistiger Verlust für die Stadt. Damit würde eine sozial und kulturell wichtige Institution, die im aufklärenden Sinne manchmal unbequem ist und auch sein muss, mundtot gemacht! Wir fordern Sie auf, sich geeignetere Maßnahmen zum Ausgleich des Stadthaushaltes zu überlegen und nicht mit Streichungen da anzusetzen, wo Sie vorübergehend auf die Zustimmung der Uniformierten und Desinteressierten rechnen können.“[102]

Protestnoten kommen aus der gesamten Bundesrepublik, von der Arbeitsgemeinschaft für kommunale Filmarbeit, Hamburg, vom Förderkreis Koki-Kiel, der AG Dokumentarfilm, der Kulturpolitischen Gesellschaft, den Filmbüros aus Hamburg, Nordrhein-Westfalen und Niedersachsen und von den hannoverschen Hochschulen. Der Filmbeirat initiiert eine Unterschriften-Aktion, die 2500 Filmfreunde zusammenbringt.[103]

Die SPD versucht zu retten, was zu retten ist. Die Neue Presse vom 18. Dezember: „SPD schiebt Todesurteil auf – Noch sind die Würfel nicht endgültig gefallen. Dem Antrag der Verwaltung, die Institution zum 31. Dezember 1982 zu schließen, steht jetzt eine Aufforderung der SPD-Fraktion an die Verwaltung gegenüber, bis Januar neue Spar-Überlebensvorschläge zu machen.“[104]

Die ersten Video-Tage Hannover. Der Versuch, einen Überblick zu gewinnen über „das mittlerweile breite Spektrum von Videoproduktionen“. Themen sind „Hausbesetzungen, Jugendbewegung, Anti-Atom, Tarifkämpfe, neue Lebensstile …“ Zu sehen sind unter anderem Produktionen der Medienwerkstatt Freiburg, der Medienkooperative Berlin und der Medienwerkstatt Linden.

Januar 1982

Filmreihe „Repression und politische Justiz in den USA“, Retrospektive Orson Welles und ein Programm mit Filmen vom 1. Bundesweiten Schülerfilm-Festival, womit sich eine Tradition für die nächsten Jahre begründet.

Februar 1982

„Fünftausend Filmfans wollen das Kommunale Kino retten“ – so lautet die Überschrift in der Hannoverschen Allgemeinen Zeitung vom 12. Februar. Die von Mitgliedern des Filmbeirates und vom Film & Medienbüro Niedersachsen gestartete Unterschriftenaktion hat Erfolg. Erstmals kommt das Künstlerhaus als möglicher neuer Standort für das Koki ins Spiel, der Beirat fordert die Verwaltung auf, eine Drucksache über eine mögliche „Verlegung des Kommunalen Kinos in den Rambergsaal des Künstlerhauses zu erarbeiten.“[105]

Und es wird einfach weiter Kino gemacht: „Arbeit und Beruf im Film“ – eine Filmreihe und ein Seminar, in Zusammenarbeit mit der Universität Hannover. Referent u. a. Frank Puin. – Eine neue Reihe „Wirklichkeit anders begreifen …“ Der ethnologische Film.

März 1982

Hommage an Pier Paolo Pasolini, Seminar über Roberto Rossellinis Kriegstrilogie.

April 1982

Das Damoklesschwert schwebt weiter über dem Koki: „Die Blamage ist perfekt. Und alle Parteien haben an ihr teil. Die CDU, die ihr jahrelanges Unterminierungswerk mit einem konsequenten Abschluss krönen darf. Die FDP, die sich nach den niedersächsischen Kommunalwahlen im vergangenen Jahr als unverhoffter Handlanger bei den Totengräberarbeiten erwies. Auch die SPD, die mit einigen Stimmenthaltungen bei den entscheidenden Abstimmungen vor wenigen Tagen ihr einstiges Lieblingskind draußen im Regen stehen ließ. Und schließlich die GABL, deren chaotisches Vorgehen bei diesen Abstimmungen selbst ihren beredten Anhängern die Sprache verschlug. Die Rede ist von der gemeinschaftlichen Preisgabe des Kommunalen Kinos Hannover zum 30. Juni oder 31. August oder Jahresende. Aber nicht das Datum ist der eigentliche Skandal, sondern die Tatsache selbst. Von der CDU, deren traditionelles Kulturverständnis bislang nur selten über repräsentatives Staatstheater hinausging, war nichts anderes zu erwarten. Aber dass die anderen Parteien sich dieses schmalspurig-reaktionäre Kulturdenken zu Eigen gemacht haben, war eigentlich nicht zu erwarten.“

Die HAZ-Autorin Uta Gote ist sehr präzise in ihrer Diagnostik. Sie sieht sehr deutlich, dass es sich beim Film um ein Medium handelt, das im Rahmen des hier skizzierten Kulturverständnisses „nur im kommerziellen Bereich zu Hause ist. […] Das ist in der Bundesrepublik in dieser Konsequenz bisher einmalig!“[106]

Doch SPD und GABL ziehen die Notbremse. Am 20. April fragt die Neue Presse: „Koki doch noch gerettet?“ Im Kulturausschuss wird ein Änderungsantrag eingebracht und beide Fraktionen sind sich einig: „Koki kein Luxus – es soll weiter fortbestehen.“[107]

Und wenige Tage später ist dann klar, dass es eine erneute Gnadenfrist für das Koki bis zum Jahresende gibt. Ein Zusatzantrag der FDP im Rat macht diesen Schritt möglich. Verbunden damit ist aber die Aufforderung an die Verwaltung, ein Konzept „für einen weitgehend kostendeckenden Betrieb“ auf den Tisch zu legen. Auch die CDU stimmt diesem Antrag zu, macht aber deutlich, dass die Fraktion „kaum eine Chance sehe, für die Zukunft zu einer kostendeckenden Weiterführung zu kommen. FDP-Fraktionschefin Marianne Taeglichsbeck: „In der bisherigen Form können wir uns das Kommunale Kino nicht mehr leisten.“[108]

Filme des Monats: „Das Alter der Erde“ von Glauber Rocha, Brasilien 1978, und „Der subjektive Faktor“ von Helke Sander, Deutschland 1981.

Mai 1982

„Lebensläufe“ von Winfried Junge, DDR 1961/1981 – „Westdeutsche Erstaufführung“, Laufzeit: 257 Minuten. Winfried Junge und Kameramann H. E. Leupold können ihre Filme in Hannover vorstellen.

Juni 1982

„Friedensoffensive im Kino“ – Filmreihe, u. a. mit „Septemberweizen“ von Peter Krieg, Deutschland 1980, und „Westfront 1918“ von G. W. Pabst, Deutschland 1930.

Außerdem: Filme zur Afrika-Woche.

Juli und August 1982

Publikumswünsche – Klassiker des Kinos.

Am 25. August gibt es einen langen Sommerabend im Koki – „vielleicht auch ein ‚Feier‘-Tag für alle Filmfreunde“. Der 25.8. ist übrigens Sigurd Hermes’ Geburtstag …

September 1982

Werkschau der Künstlerin und Filmemacherin Ulrike Ottinger. Zum Abschluss der Werkschau ist Ottinger zu Gast und präsentiert dem Publikum „Freak Orlando“, „Berlin (West) 1981“.

Oktober 1982

Beginn einer Werkschau Jean-Luc Godard.

November 1982

Filmbeiratsvorsitzender Hermann Beddig präsentiert als Leiter der Landesbildstelle in Hannover Filme zum Thema Friedenserziehung, die für die Bildungsarbeit ausleihbar sind.

Erneut gibt es eine Zusammenarbeit mit der Universität Hannover. Prof. Dr. Ralf Schnell veranstaltet ein Kinoseminar zum Thema „Film und Faschismus“.

Und dann noch: ein umfangreiches Filmprogramm zum „Wintertheater 82“.

Dezember 1982

Mit einem Circus-Film-Festival – nahezu das gesamte Monatsprogramm besteht aus Circus-Filmen! – verabschiedet sich das Koki von den Kinos am Raschplatz und von Hans-Joachim Flebbe.

„Fast 3 Jahre befand sich unsere zentrale Spielstelle, das Koki zusammen mit den privatwirtschaftlichen Kinos Fairbanks, Hollywood und Graffiti unter einem Dach. Es war für die ‚Kinolandschaft‘ in Hannover sicherlich eine befruchtende – und in der Bundesrepublik Deutschland einmalige – Zusammenarbeit,“ heißt es im Programmflyer.

Am 16.12. wird ein großes Circus-Film-Fest gefeiert, dann ist Pause bis zur Neueröffnung im Künstlerhaus.

Februar 1983

Das Koki erreicht das rettende Ufer des Künstlerhauses in der Sophienstraße. Im Rambergsaal des Künstlerhauses sind die Handwerker aktiv und verwandeln ihn in einen Kinosaal. Die Presse berichtet von 154 fest verbauten Plätzen, die bei Bedarf auf 200 erweitert werden können, einer 24 Quadratmeter großen Leinwand, die hochgeklappt werden kann, um weiterhin auch Theateraufführungen auf der vorhandenen Bühne zu ermöglichen. „Im Foyer […] la-

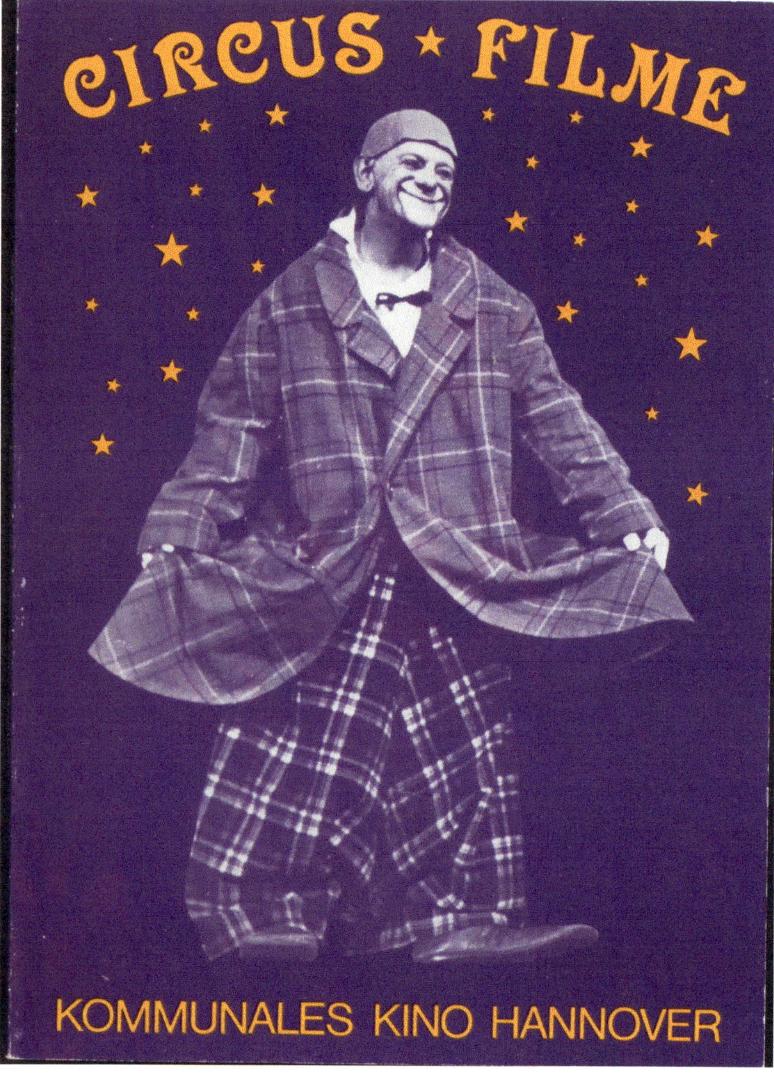

Titel der Publikation zur Circus-Filmreihe (Stadtarchiv Hannover)

den geschwungene Thonet-Stühle und runde Kaffeehaustischchen zum Verweilen und Diskutieren ein.“ Ab sofort kein Nomadentum, keine zu zahlenden Mieten, kein „entnervendes Tauziehen im hannoverschen Rat“ mehr. Doch die nun endlich gefundene feste Spielstätte hat dennoch ihren Preis: Der Haushalt des Koki ist gekürzt, der Spielplan massiv reduziert. Geplant sind zunächst regelmäßige Vorführungen dienstags, mittwochs und sonntags. Alle 14 Tage wird freitags und samstags Programm gemacht. „Ein 16mm- und zwei 35mm-Projektoren, die, wie der Koki-Leiter sagt, ‚im Freizeitheim Vahrenwald herumstanden‘, verbessern jetzt die Projektionsqualität: Archivkopien können ohne Schwarzfilmphasen auf die Leinwand geworfen werden.“ Der „rote Kinobus“ wird weiterhin unterwegs sein zu den Altenbegegnungsstätten und zum Stadtteilkino in den Freizeitheimen.[109]

Die HAZ bleibt aber skeptisch: „Oberbürgermeister Herbert Schmalstieg verlieh am Eröffnungsabend vor viel lokaler Prominenz seiner Hoffnung Ausdruck, dass das Koki eine Einrichtung von Dauer sein möge. Ob der von Schmalstieg vollmundig bekundete Unterstützungswille aber nicht doch bloß Lippenbekenntnis ist, bleibt angesichts der Lehren aus der Vergangenheit abzuwarten.“[110]

Der Programmflyer vom Februar 1983 nutzt erstmals die gezeichnete Fassade des Künstlerhauses als Signet. Ab sofort heißt es: „Kommunales Kino im Künstlerhaus“. Und die Ansprache an die lieben Filmfreunde ist euphorisch überschrieben mit dem Ausruf: „Wir haben wieder ein Kino!“

Zur Wiedereröffnung am 9. Februar gibt es Chaplins „Moderne Zeiten“ zu sehen, am Abend darauf ein langes Programm mit Klassikern des Surrealismus.

Und am dritten Eröffnungsabend des neuen Koki im Künstlerhaus unterstreicht Sigurd Hermes erneut seine Vorliebe für das französische Kino und die französische Kultur. Der Regisseur und Autor, Schauspieler, Clown und Zeichner Pierre Étaix ist zu Gast im Koki. Präsentiert wird sein 18 Jahre alter Film „Yoyo“. Zusammen mit dem Institut Français ist es gelungen, den Weggefährten Jacques Tatis nach Hannover einzuladen.

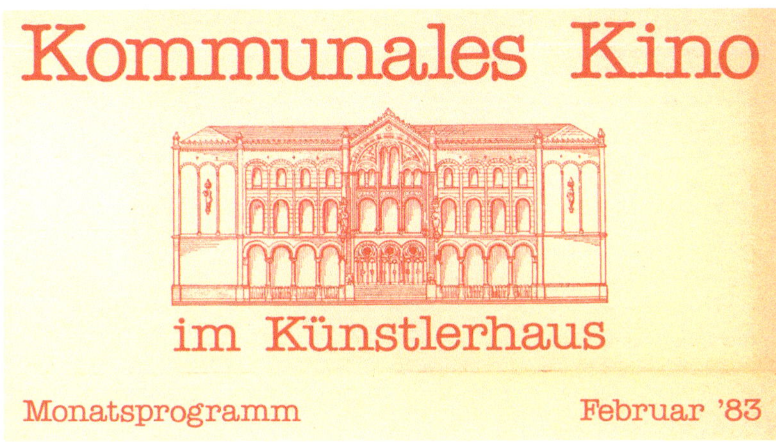

Kommunales Kino

im Künstlerhaus

Monatsprogramm Februar '83

Kopfteil im Programm Februar 1983
© Kommunales Kino

Die Eröffnungstage sind komplett ausgebucht, zahlreiche Besucherinnen und Besucher müssen sogar unverrichteter Dinge wieder nach Hause gehen.[111] Ein fulminanter Neustart!

März 1983

„Zuschaueranstieg: Koki erobert neue Besucherschichten“, so die Schlagzeile in der Neuen Presse. „Von 40 auf 112 ist die Durchschnittsbesucherzahl pro Vorstellung [...] gestiegen. [...] Und dieser Trend hält an, wie Koki-Leiter Sigurd Hermes in einer ersten Bilanz mitteilt.“[112]

Unter dem Motto „Die Filmkontroverse“ bietet das Koki Ende des Monats ein Doppelprogramm: Zu sehen ist Werner Herzogs „Fitzcarraldo“, Deutschland 1978–82, sowie „Land der Bitterkeit und des Stolzes“, Deutschland 1982, Nina Gladitz’ dokumentarischer Kommentar zu Herzogs umstrittenem Film.

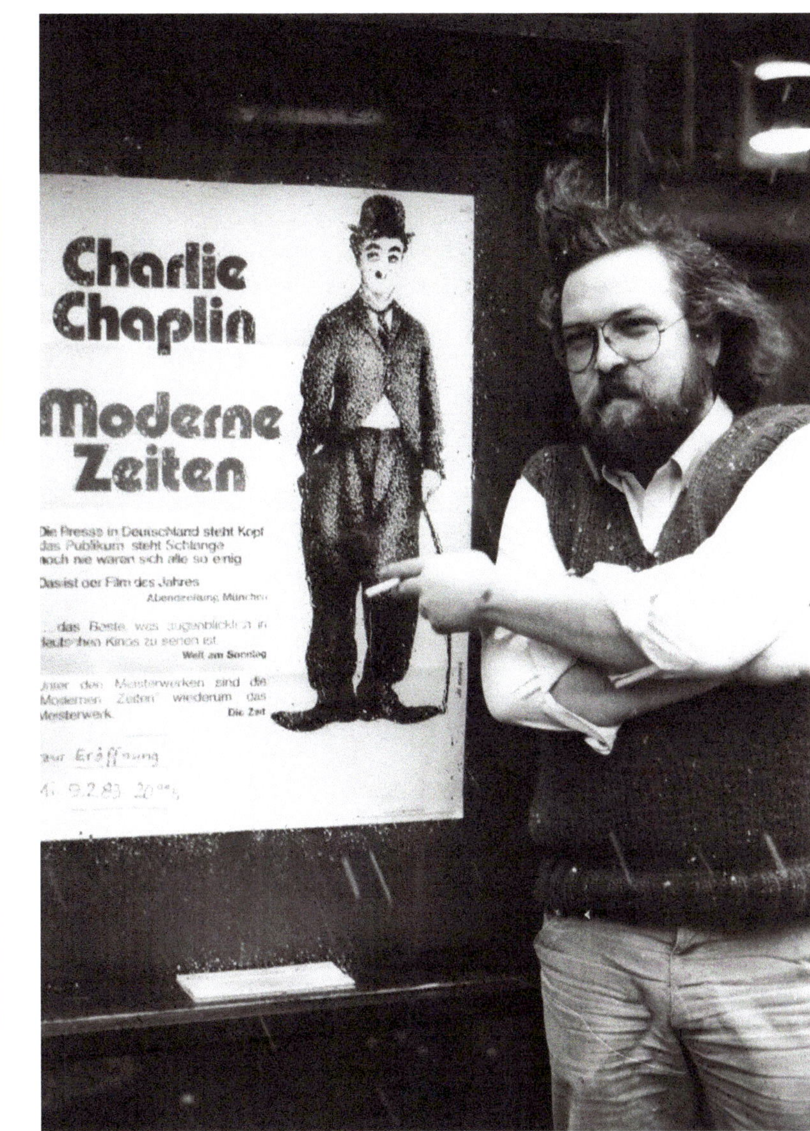

Sigurd Hermes, 1982
© Kommunales Kino

April 1983

„Parsifal“, ein Film von Hans Jürgen Syberberg, Deutschland 1982, Laufzeit 255 Minuten, wird in Kooperation mit der Niedersächsischen Staatsoper präsentiert, zweimal im Koki, einmal im Opernhaus.

Marcel Carnés „Kinder des Olymp“ – ein äußerst beliebter Titel, wird noch das ein oder andere Mal programmiert in den kommenden Monaten und Jahren.

Und erneut zwei Filme an einem Abend, ein „Filmvergleich“: Akira Kurosawas „Die Sieben Samurai“, Japan 1954, der die Vorlage lieferte für John Sturges' „Die Glorreichen Sieben“, USA 1960.

Juni 1983

Angekündigt ist ein „Großes Kinderfilmfestival“ in Zusammenarbeit mit der Stadtjugendpflege und im Rahmen der Ferienpassaktion, vom 21. Juni bis zum 29. Juli. Darüber hinaus macht das Koki im Juli erstmals eine etwas größere Kinopause.

August 1983

„Seminar: 1984 – oder der Umgang mit Zukunft im Film“. In Zusammenarbeit mit der Volkshochschule Hannover.

Im Rahmen der Reihe „New Wave Films“ sind u. a. Amos Poes „Subway Riders“, USA 1981, und Jim Jarmushs Erstling „Permanent Vacation“, USA 1980, zu sehen.

Und Sigurd Hermes widmet sich wieder einmal dem „Poetischen Realismus in Frankreich“.

September 1983

Ein Porträt des Schauspielers Bruno Ganz.

In den Koki-Programmen dieser Monate finden sich immer wieder Hinweise auf die Theaterveranstaltungen, die im Rambergsaal – an den Nicht-Kinotagen – auch weiterhin stattfinden. In diesem Monat gibt es das „Clownsstück“ „Jeanne D'Arppo – Die tapfere Hanna“ von Gardi Hutter und Ferruccio Cainero aus der Schweiz. Und das „Pööt-Theater“ für Kinder feiert Premiere mit seinem Stück: „Greif ruhig nach den Sternen, Lisa“.

Oktober 1983

Bruno Ganz ist zu Gast. Er präsentiert den Film „Gedächtnis“, Deutschland 1982, bei dem er erstmals gemeinsam mit Otto Sander Regie geführt hat. Die Hommage zweier noch junger Schauspieler an zwei große Vertreter ihres Berufes: Curt Bois und Bernhard Minetti.

November 1983

Sowjetische Filmtage, allerdings nicht mit den üblichen Klassikern, sondern mit aktuellen Produktionen, beispielsweise aus der Usbekischen oder der Ukrainischen SSR.

Dezember 1983

„Seit November 83 besitzt das Kommunale Kino eine neue technische Einrichtung, die es möglich macht, Stummfilme in ihrem Originalformat und in der richtigen Geschwindigkeit flackerfrei vorführen zu können. Das Kommunale Kino ist das sechste Kino in der Bundesrepublik Deutschland, das über eine derartige Einrichtung verfügt. Das Kommunale Kino wird aufgrund dieser technischen Erneuerung der Präsentation von populären klassischen Stummfilmen [...] in den zukünftigen Spielplänen einen größeren Platz einräumen.“ So die Ankündigung im Dezember-Programm.

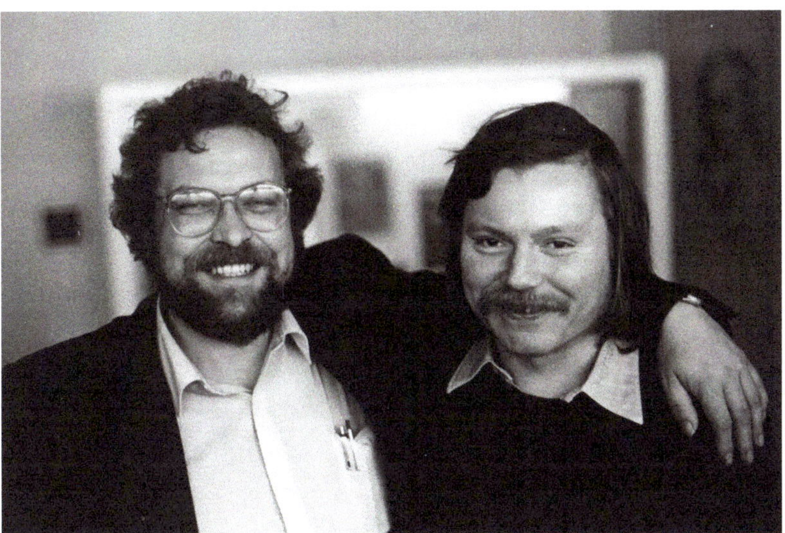

Sigurd Hermes und Joachim Bärenz
© Kommunales Kino

Zu sehen und zu hören: Fritz Langs „Die Nibelungen“, Teil I und II, aus dem Jahr 1924, begleitet am Klavier von Joachim Bärenz.

Januar 1984

Ein Monat des überlangen Films.

Das Koki zeigt an drei Abenden die restaurierte und rekonstruierte Fassung von „Napoleon“, Regie: Abel Gance, Frankreich 1927. Mit einer Musik von Carmine Coppola. Laufzeit: 240 Minuten.

Dann steht „Himmel und Erde“ auf dem Programm, ein Dokumentarfilm von Michael Pilz, Österreich 1979–82, über das Leben der Bergbauern in einem kleinen österreichischen Dorf. Laufzeit: 285 Minuten.

Rainer Rother, zu diesem Zeitpunkt noch an der Universität Hannover, heute Künstlerischer Direktor der Deutschen Kinemathek und Leiter der Retrospektive der Berlinale, bietet ein Tagesseminar an: „Filmanalyse: der ‚erzählende‘ Film“.

Februar 1984

Porträt Klaus Kinski.

Seminare zur Theorie des Films – am Beispiel seiner Praxis, zu Charles Spencer Chaplin und zur Ästhetik des Dokumentarfilms.

März 1984

Ein „kleines Porträt der italienischen Volksschauspielerin Anna Magnani“.[113]

April 1984

Ein Jahr nach dem Umzug ins Künstlerhaus weiß das Hannoversche Wochenblatt zu berichten: „Koki wird immer beliebter“. Es bezieht sich auf eine Sitzung des Filmbeirates, in der davon berichtet wird, dass in knapp neun Monaten des Jahres 1983 25.000 Besucher zu verzeichnen waren.[113]

Zu Gast: das „Studio für Animationsfilme Krakau“.

Hanns B. Thyssen begleitet eine Reihe von Stummfilmen: u. a. Chaplins „Moderne Zeiten“, USA 1932–35, und G. W. Pabsts „Die freudlose Gasse“, Deutschland 1925.

Ein Doppelprogramm präsentiert „Tango-Filme“.

Mai 1984

Filme „nach Bertolt Brecht“. Dabei: „Kuhle Wampe […]“ von Slatan Dudow, Deutschland 1932, „Die unwürdige Greisin“, René Allio, Frankreich 1964, und G. W. Pabsts „Dreigroschenoper“, Deutschland/USA 1931.

Juni 1984

Ein Großprojekt auf der Leinwand und auf dem Podium: „Das Koki präsentiert den ‚Mount Everest des modernen Kinos‘ durchgehend in seiner vollen Länge von 14 Stunden und 55 Minuten.“ Es geht um Fassbinders „Berlin Alexanderplatz“. Für 24,- DM (Förderer 18,- DM) kann man dabei sein bei der langen Nacht am Samstag, dem 23. Juni. Das Koki ist nach dem Frankfurter Theater am Turm das zweite Haus in ganz Europa, das die 13-teilige Fernsehproduktion en bloc im Kino zur Aufführung bringt. Start: 19 Uhr.

Zwei Jahre nach Fassbinders Tod ein wirkliches „Event“, wie man heute sagen würde. „Während der zehnten Folge wurde es hell draußen. Und 12 Uhr war es am Sonntagmittag, als die letzten Meter von Rainer Werner Fassbinders TV-Serie […] über die Leinwand des Kommunalen Kinos flimmerten. Übernächtigt, mit geröteten Augen, harrten noch immer 130 von anfangs 200 Zuschauern auf den spartanischen Sitzmöbeln des Rambergsaals aus. 16 Stunden […] waren eine harte Prüfung für das Sitzfleisch der Unentwegten – Liegestühle, Hängematten nicht in Sicht. Kino pur! […] Koki-Vorführer Günter Möhrmann konnte sich bei der Bedienung der eigens aus Frankfurt herbeigeschafften Spezial-Technik keine Minute Pause gönnen. Mittlerweile ging unten am Büfett der Kaffee en masse über den Tresen […]; Besucher aus ganz Norddeutschland, aber auch Stuttgart, Köln oder Bern trafen sich hier in den kurzen Pausen zur schnellen Erfrischung.“[114]

Doch das Alexanderplatz-Projekt ist kein Fassbinder-Hochamt. Umrahmt wird die Mammut-Vorführung von zwei Vorträgen im Kunstverein. Leo Kreutzer, Professor für Neuere und Neueste deutsche Literatur an der Universität Hannover, kommentiert das Fassbinder'sche Dekor und seine Tonmischung durchaus kritisch. Und sein Kollege Heinz Brüggemann, ebenfalls Literaturwissenschaftler und Germanistik-Professor an der Uni Hannover, schreibt in seiner Vortragsankündigung, Fassbinders Zugang zum Alexanderplatz-Stoff „unterschlägt das künstlerische Zentrum von A. Döblins Roman, die Großstadt als Medium für die Wahrnehmung von moderner Realität, zugunsten einer kitschigen Gefühlswelt.“

Die beiden „Granden“ des Staatstheaters, Alexander May und Dieter Hufschmidt, lesen begleitend und im Rahmen der Fassbinder-Hommage aus Döblins Roman. Und natürlich ist auch Piel Jutzis Alexanderplatz-Version von 1931 zu sehen.

Juli 1984

Ein Sommer-Programm mit Filmwünschen des Publikums, u. a. Eisensteins „Iwan der Schreckliche“, Mackendricks „Ladykillers“, „Die Eine singt, die Andere nicht“ von Agnès Varda, „Wer Gewalt sät“ von Peckinpah, Heiner Carows „Die Legende von Paul und Paula“ und Lynchs „Elefantenmensch“.

Dann ist Sommerpause.

September 1984

Ein langer Abend unter dem Motto „Fellini ist das Kino“.

Und an zwei aufeinander folgenden Tagen gibt es die einmalige Kinoaufführung von Edgar Reitz' aktueller TV-Produktion „Heimat“ zu sehen. Jeweils von 14 bis 23 Uhr. Wird im Dezember wiederholt.

Oktober 1984

Das Koki feiert sein 10-jähriges Bestehen mit einem umfangreichen Stummfilmprogramm, gefolgt von einem Programm der Filmklasse der HBK Braunschweig und einem langen Abend mit Klassikern des Surrealismus. Méliès, Lubitsch, Lang, Chaplin … begleitet von großen Namen der Stummfilmbegleitung: Hanns B.

Thyssen, Joachim Bärenz, Eric Leguen aus Paris. Kulturdezernent Professor Dr. Karl Ernst Bungenstab spricht die Grußworte.

„Das anspruchsvoll selbstbewusste Festprogramm spricht für die Lebendigkeit des Kommunalen Kinos, das in diesen zehn Jahren manche harten Existenzkämpfe ausfechten musste“, schreibt dazu die HAZ.[115]

Auch das mobile Koki feiert in diesem Monat sein Jubiläum. „Im Schatten des offiziellen Programms leistet das Kommunale Kino eine Arbeit, die gerade jene Gruppen erreicht, die eigentlich nicht mehr oder noch nicht ins Kino gehen: Kinder, Senioren und Häftlinge. Seine kinomobile Arbeit, das ‚Kino auf Rädern‘ ist einzigartig. […] [Es] macht wahr, was im professionellen Kinogewerbe auf der Strecke bleibt: Es orientiert sich an den Wünschen der Zuschauer, denn es kennt sein Publikum, und es schafft einen Ort der Begegnung. [Der Vorführer] Günther Möhrmann weiß dies, gerade auch im Vergleich zur Arbeit im hauseigenen Kino, zu schätzen. […] Für ihn heißt es aber auch, zehn Stunden von montags bis freitags an der Maschine zu stehen. Neben den ‚Jungs in der JVA‘ besucht er einmal im Monat Senioren in 15 verschiedenen Altenbegegnungsstätten. […] Ein weiteres Ziel des Kinomobils sind die Freizeitheime. Hier sind es die Jüngsten, für die die Leinwand aufgehängt wird.“[116]

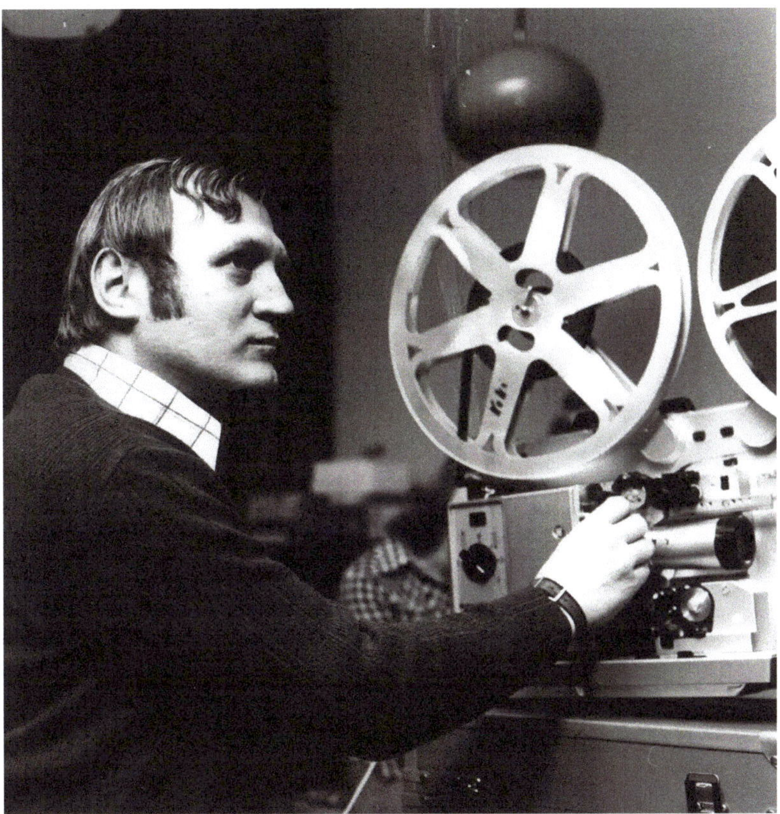

Günther Möhrmann am 16-mm-Projektor
© Kommunales Kino

Nachdem das Koki nun, vorläufig abgesichert, seiner Arbeit nachgehen kann, müssen sich der Filmbeirat und der Kulturausschuss des Rates mit einem ganz neuen Kino-Thema befassen. Für eine anspruchsvolle Kinoarbeit wird es immer schwieriger, Kopien zu bekommen. Es geht hier – wir schreiben das Jahr 1984 – um analoge und einige Kilo schwere 35-mm-Kopien. Das Koki hat einen Antrag über 15.000 DM zur Einrichtung eines Präsenz-Filmarchivs gestellt. „Die kommerziellen Verleiher, für die der künstlerische Film schon früher oft bloße Alibifunktion hatte, zeigen offen ihr Desinteresse. Warner Bros haben tausende unersetzlicher Kopien vernichtet, weil die Lagerung ihnen zu teuer wurde. Kopien zu bekommen, wird immer schwieriger. Das Bundesarchiv in Koblenz ist zum Bewahren da und gibt nur Wissenschaftlern Einsicht. Die Cinematheken wie in Berlin, die Filmmuseen wie in München, geben den Film nicht gegen Gebühr heraus, sondern nur im Tausch gegen andere, die ihnen fehlen. […] Hannover könnte, wenn der Antrag durchkäme, sich in den Ringtausch eingliedern und wenigstens bescheiden mithalten.“[117] Der Antrag wird bewilligt, und in den nächsten Jahren wird das Koki-Filmarchiv aufgebaut.

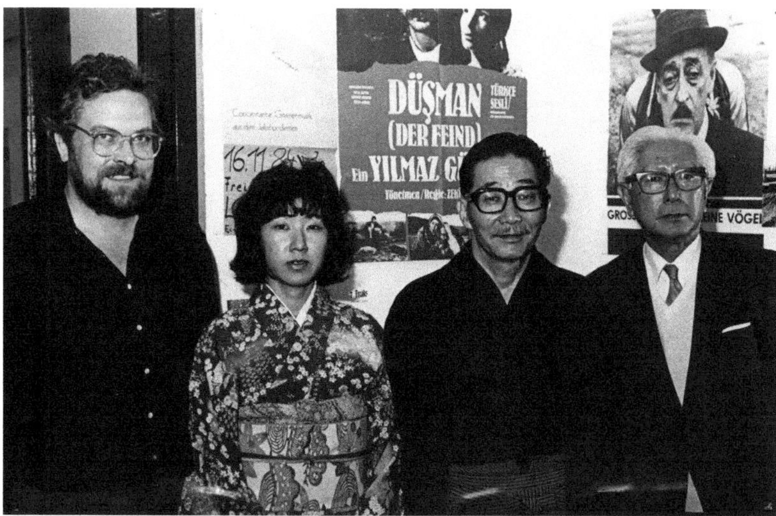

Gäste aus Japan, November 1984
© Kommunales Kino

November 1984

Das Koki wird seinem Auftrag mehr als gerecht, historische Aufführpraxis zu präsentieren und damit lebendig zu halten. Drei Klassiker des japanischen Stummfilms aus den 1910er und 30er Jahren stehen auf dem Programm. Diese werden nicht etwa von Stummfilmpianisten musikalisiert oder kommentiert, sondern live begleitet von einem sog. Benshi, einem traditionellen Filmerzähler und „Filmerklärer“, wie es sie in früheren Jahrzehnten in Japan gab. Zu Gast in Hannover ist Herr Sunshuij Matsuda.

Dezember 1984

Mehrere Filme von Charles Chaplin, jeweils von Hanns B. Thyssen begleitet. Die Besonderheit: Es stehen keine Titel im Programmflyer, sondern nur jeweils drei Fragezeichen und eine Filmbeschreibung. Die Erklärung: „Aus lizenzrechtlichen Gründen durften wir nicht die Titel der Filme in diesem Programm ausdrucken.“

Januar 1985

Hommage für François Truffaut – „Die Filme seines Lebens“.

Seminare über Pasolini (Prof. Ralf Schnell, Literaturwissenschaftler Uni Hannover), über die „Japanische Gegenwartsgesellschaft im Spiegel des Films“ (Prof. R. W. Müller, Politologe Uni Hannover) und über „gefilmten Voyeurismus“ (Rainer Rother).

Februar 1985

Ein Portrait des engagierten bolivianischen Filmemachers Jorge Sanjines.

Werkschau der Filme von Jean Cocteau, begleitet von einer Ausstellung „Jean Cocteau – Filmemacher“, im Foyer des Koki, in Kooperation mit dem französischen Außenministerium und dem Institut Français de Hanovre.

März 1985

Großes Kino: Bernardo Bertoluccis „Novecento“, Teil 1 und 2, I/F/D 1976, an zwei Abenden; und in Farbe rekonstruiert: David W. Griffiths „The Birth of a Nation“, USA 1914/15, begleitet von Hanns B. Thyssen.

April 1985

Filmreihe „Das ‚andere‘ türkische Kino“. Die Türkei ist in diesem Jahr Partnerland der Hannover-Messe. „Ein Großteil der von uns präsentierten Filme sind aufgrund ihrer realistischen Beschreibung der Lebensverhältnisse in der Türkei illegal oder gar im Exil produziert.“

Mai 1985

„Vor vierzig Jahren – Die Stunde Null“ – eine Veranstaltungsreihe in Zusammenarbeit mit dem DGB-Kreis Hannover, mit Sonderveranstaltungen für Schulklassen. Zu sehen: Slatan Dudows „Unser täglich Brot“, „Zugvögel“ von Rolf Meyer, „Rotation“ von Wolfgang Staudte sowie „Stunde Null“ von Edgar Reitz.

Juni 1985

„Spanischer Bürgerkrieg – nach fast 50 Jahren“. Eine seminarbegleitende Veranstaltungsreihe. In Zusammenarbeit mit dem Historischen Seminar der Universität Hannover/Prof. Dr. Irmgard Wilharm.

Film des Monats ist „Bertas Motive“ von Jose Luis Guerin, Spanien 1983. Die Neue Presse weiß hierzu zu berichten, dass das Koki mit diesem Film ein neues Konzept umsetzt: Wichtige Erstaufführungen sollen zukünftig mehrmals gezeigt werden.[118]

Juli 1985

„Ein Filmwochenende zum Thema: Weibliche Homosexualität“.

„Salut für Federico Fellini – eine Hommage an den Circus.“ Gemeinsam mit Artisten des Circus Roncalli wird im Künstlerhaus vor der Sommerpause ein wahres Circus-Film-Fest gefeiert. Der Circus-Fan Sigurd Hermes hat Kontakt zu Bernhard Paul und Roncalli aufgenommen, die zurzeit in der Stadt sind. Und der Circus kommt ins Kino.

September 1985

„Das Jiddische Kino: Eine Reihe mit fünf jiddischen Filmen aus den Jahren 1936–1980 in den Originalfassungen […] mit einer

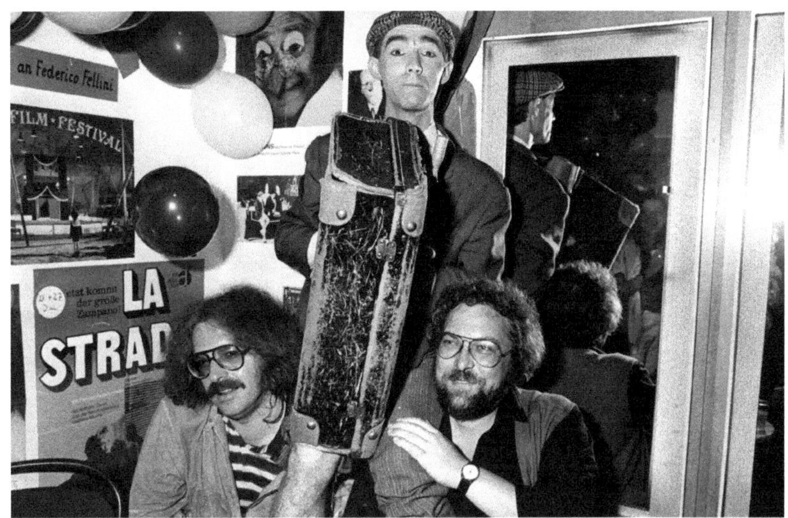

von links: Bernhard Paul, der Clown Pic (vermutlich) und Sigurd Hermes
© Kommunales Kino

Einführung von Ronny Loewy, Deutsches Filmmuseum, Frankfurt.“

„Hannover im Film – Dokumentarfilme und Wochenschauen aus den Jahren 1917–1939“. Mit Einführung. Der Vorläufer eines Erfolgs-Formates der nächsten Jahrzehnte. In diesem Fall gibt es eine Auswahl von filmischen Dokumenten aus dem Bundesarchiv Koblenz. Zu sehen ist „Herstellung von Granatzündern – Fabrikation durch Frauen bei der Gebrüder Körting AG in Hannover-Linden“, 1917, „Bau einer Schleuse in Hannover“, 1926, „Hindenburg mit Familie in Hannover“, 1932, „Reichsführertagung in Hannover“, 1933, „Einweihung der ‚Paul von Hindenburg-Jugendherberge‘ in Hannover, 1935, „Heeres-Reit- und Fahrschule Hannover“, 1939.

Oktober 1985

Werkschau Peter Lorre.

„1. Film+Video Kunst-Nacht. Neue Experimentelle Filme u. Videos aus deutsch. Landen. Komment.: Coldewey, Lohmann.“ Filme und Videotapes. Mit dabei: Michael Bryntrupp, heute Professor für Film/Video an der Hochschule für Bildende Künste Braunschweig.

„Trickfilmkurs: Kinder aus Hannover machen Trickfilme für Kinder in Hiroshima“. Leitung: die heute renommierte hannoversche Trickfilm-Regisseurin und -Produzentin Alexandra Schatz.

November 1985

Beginn der Reihe „Kino nach 45“ in Kooperation mit dem Historischen Seminar der Universität Hannover. Einführungen u. a. durch Heiner Behring (heute Professor für Video- und Audioproduktion an der Fachhochschule Offenburg) und Rolf Aurich (heute Autor, Redakteur und Lektor an der Deutschen Kinemathek in Berlin).

Dezember1985

Stanley Kubrick im Original.

Januar 1986

„Video Kunst (1. Abend/1986) – Schnelle Videos vorgestellt und kommentiert von Norbert Meissner.“ Gezeigt werden „Videobänder über unsere neue Großprojektion“. Videos von Nam June Paik, Mike Krebs, Ingo Günther, Herbert Wentscher und Gerd Conradt. Fortsetzung im Februar.

Februar 1986

Filme von Marguerite Duras in Kooperation mit dem Kunstverein. Frühe Filme von Godard. Retrospektive Francis Ford Coppola.

März 1986

Video-Kunst Tage Hannover – anlässlich der CEBIT-Messe. „Independent and Underground in New York“ – Die Macherinnen des „New York Film Festival Downtown“ präsentieren persönlich ein Auswahlprogramm.

April 1986

„stumm – film – musik – video – oder die Konkurrenz von Auge und Ohr. Ein lustvolles Symposion [...] in Zusammenarbeit mit der Hochschule für Musik und Theater“.

Mai 1986

Film des Monats: „Shoah“ von Claude Lanzmann, Frankreich 1974–85.

Juni 1986

Hitchcock, Pasolini, Fellini, Visconti, Bódy – und ein Seminar unter der Leitung von Rainer Rother zu Alexander Kluges „Die Patriotin“.

August 1986

Filme von und mit Orson Welles, Humphrey Bogart. Ein Doppelprogramm mit „Casablanca“ von Michael Curtiz, USA 1943, und „Play it again, Sam“ von Herbert Ross und Woody Allen, USA

1971. Aber auch „Schreiendes Land – The Killing Fields“ von Roland Joffé, GB 1984, über das Terror-Regime der Roten Khmer in Kambodscha.

September 1986

Retrospektive Raymond Depardon. Werkschau Joseph von Sternberg. Und als „Filmrarität“ angekündigt: John Fords „The Searchers – Der schwarze Falke“, USA 1956.

Oktober 1986

Filmreihe „Licht-Spiel-Bühne“, Theater und/im Film. Eine Reihe mit Billy Wilders Antihelden und ein langer Abend mit Filmen und Gästen von der Filmhochschule Lodz, Polen.

November 1986

Im Januar des Jahres ist Joseph Beuys gestorben. Gemeinsam mit dem Kunstverein zeigt das Koki einen „langen Abend für einen großen Künstler“. Auf die Leinwand kommen alle zu diesem Zeitpunkt verfügbaren Filmdokumente über und Filme von Beuys. Filme, nicht nur als Dokumentationen, sondern als „Aktionsrelikt und eigenständiges Kunstwerk.“ „Beuys rief und alle kamen“, schreibt die HAZ. „Schon Tage im voraus war der Filmabend […] ausverkauft. […] Die starke Resonanz kam auch für die Veranstalter überraschend. ‚Wir hätten gut zwei Abende füllen können‘, meinte Sigurd Hermes vom Koki“.[119] Der Beuys-Abend wird im Januar 1987 noch einmal ins Programm genommen.

Dezember 1986

Das Koki hat mittlerweile „einen Lauf“. So denkt die Kulturverwaltung der Stadt darüber nach, die Eintrittspreise zu erhöhen, um auf diesem Wege den Zuschussbedarf zu verringern. Der Filmbeirat mit seiner Vorsitzenden, der SPD-Ratsfrau Jutta Engelbarth, gibt aber zu bedenken, dass eine Preiserhöhung nur nachvollziehbar sei, wenn auch die Ausstattung des Kinos der der kommerziellen Häuser annähernd vergleichbar sei. Denn im Koki „sitzt die Kultur immer noch auf harten Stühlen. Und da gestiegene Verleihmieten und Transportkosten am Koki-Etat nagen, kann das Kino selbst derzeit keine Mittel zur Renovierung der Spielstätte im Künstlerhaus abzweigen. 386.000 Mark lässt sich die Stadt ihr Koki im neuen Haushalt kosten – ohne Preiserhöhung läge der Zuschussbedarf über 400.000 Mark.“[120]

Januar 1987

„25 Jahre Béla Balász Studios, Budapest“, werden an fünf Abenden gefeiert.

Weiter: Retrospektive Andrej Tarkowski.

Februar 1987

Cine Cubano, früher Chaplin, Werkschau Lothar Lambert und an fünf Abenden Werner Nekes’ „Was geschah wirklich zwischen den Bildern“, Deutschland 1985.

März 1987

Auftakt des „Festivals des Jungen Deutschen Films“. Kooperation mit dem Kuratorium junger deutscher Film aus Anlass des 25. Jahrestages des Oberhausener Manifests. Filme u. a. von Achternbusch, Costard, Graf, Kluge, Knilli, Stöckl, Wenders. Und ein Po-

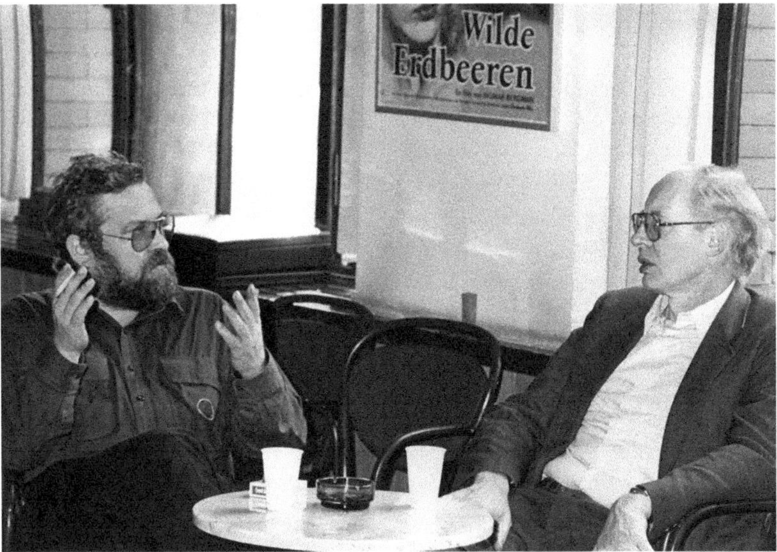

Sigurd Hermes im Gespräch mit Ulrich Gregor
© Kommunales Kino

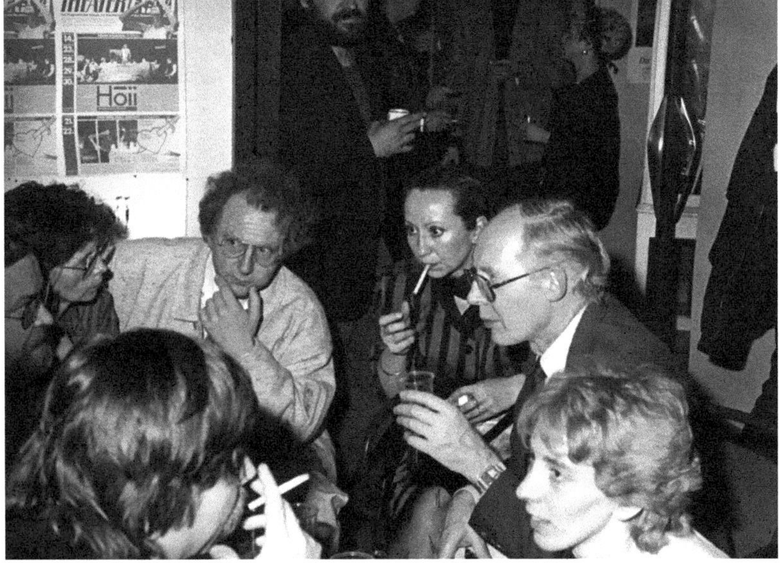

Diskussion mit Ulrich Gregor
© Kommunales Kino

diumsgespräch mit Filmemacherinnen und Filmemachern sowie Ulrich Gregor, Margarethe von Schwarzkopf und Sigurd Hermes.

Die Neue Presse ist nicht begeistert, titelt „Leere Reden und lahme Filme zum Festivalauftakt“ und sieht im Koki ein paar „schwerverdauliche Brocken“ und generell den deutschen Film, gerade auch angesichts starker amerikanischer Konkurrenz, in der Krise.[121]

April 1987

Die Hannoversche Allgemeine berichtet ausführlich und würdigt den Schwerpunkt „Chinesische Filme der Jahre 1937–1985“. „Insgesamt 15 chinesische Filme, die nur selten oder nie in der Bundesrepublik zu sehen waren.“[122]

Mai 1987

„Begegnung mit Italien – Italienische Filme vom ‚Neorealismo‘ bis heute.“ 21 Filme aus Anlass des 40-jährigen Bestehens der Deutsch-Italienischen Gesellschaft e. V.

Und: zwei Abende zum Thema „Bauhaus und Film“ – in Zusammenarbeit mit dem Fachbereich Architektur der Universität Hannover.

Juni 1987

Zu Gast in Hannover: Christoph Schlingensief. Ein Doppelprogramm ist ihm gewidmet: „Egomania – Insel ohne Hoffnung“, Deutschland 1984, und „Menü Total“, Deutschland 1986.

August 1987

Zwei Tage Freilichtkino an der Maschseequelle mit Raritäten aus der Frühzeit des Kinos, in Zusammenarbeit mit der Neuen Presse.

September 1987

Georgisches Kino. Normandie – eine Region im Film. „Wasser/ Ganges“ von Viswanadhan, Indien 1985, „The River“, Jean Renoir, USA 1950.

Oktober 1987

Die Eintrittspreise für das Koki sollen nun Anfang 1988 erhöht werden. Dies ohne Renovierungsmaßnahmen und weiterhin mit quälender Holzbestuhlung. Der Filmbeirat sieht das kritisch und mahnt, das könnte „durchaus zu einem Rückschlag führen.“[123]

Seit drei Jahren stockt das Koki sein Filmarchiv auf. Noch immer ist die Situation ähnlich: „„Es ist heute ein irrsinniger Aufwand, von bestimmten Filmen überhaupt noch Kopien zu bekommen. Ohne langjährige persönliche Kontakte ist oft gar nichts zu machen‘, klagt Koki-Leiter Sigurd Hermes über seine Probleme, das Programm der gemeinnützigen Spielstelle akzeptabel zu gestalten. ‚Nur mit einem eigenen Fundus an Filmen, die man gegen andere austauschen kann, lassen sich seltene Kopien locker machen.‘ Immerhin verfügt das Kommunale Kino [...] heute schon über ein Archiv von 35 Lang- und Kurzfilmen, darunter das beinahe komplette Werk Buster Keatons aus den 20er und 30er Jahren. Hermes: ‚Das ist etwas, was sonst keiner hat. [...]‘ 60.000 Mark hatte der Rat für 1986 und 1987 insgesamt bewilligt. Dieses Jahr sind's im Zuge der Sparmaßnahmen nur 10.000.“[124]

November 1987

„Werkschau Raul Ruiz: Erstaufführungen in Anwesenheit des Regisseurs.“

„Seminar mit Jean-Marie Straub und Danièle Huillet mit der Uraufführung von ‚Der Tod des Empedokles (Hamburger Fassung)‘“.

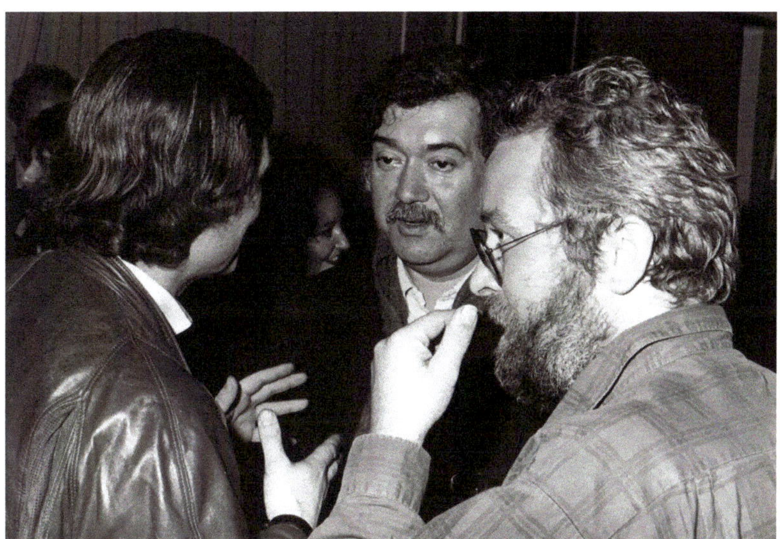

Raul Ruiz (Mitte)
© Kommunales Kino

Dezember 1987

Der Kunstverein zeigt die Ausstellung „25 Jahre Hochschule für Bildende Künste Braunschweig“. Das Koki präsentiert begleitend Programme mit Filmen der Lehrenden der Filmklasse: Gerhard Büttenbender, W+B Hein.

Januar 1988

Der Mann im Hintergrund, der Mann der ersten Stunde, Heinz Gremmler, geht nach mehr als 13 Jahren in den Ruhestand. Gremmler ist von Beginn an der „Verwaltungschef“ des Koki, der „Finanzminister“. Zuvor hatte er gar nichts zu tun mit Kino, schon gar nicht mit der „cineastischen Avantgarde“, der sich das Koki verpflichtet fühlt. Er hat in all diesen Jahren gelernt, „Filme mit ganz anderen Augen zu sehen.“[125]

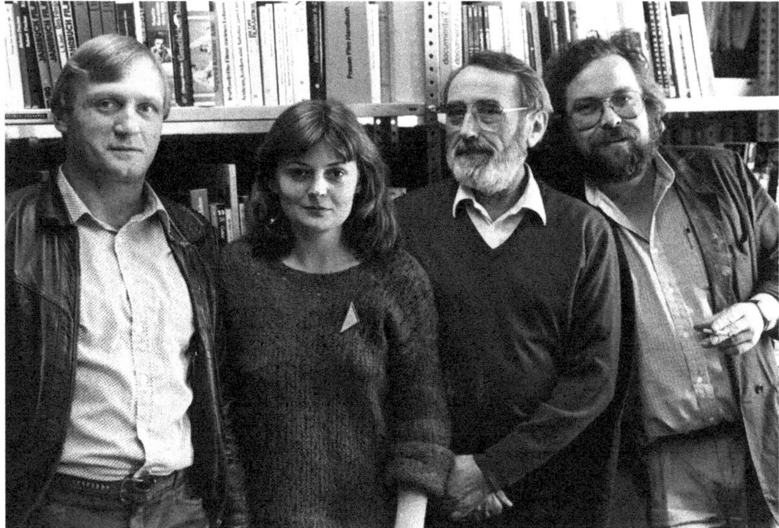

Das Koki-Team Ende der 80er (von links): Günter Möhrmann, Christine Bergmann, Heinz Gremmler, Sigurd Hermes

Februar 1988

Auftakt einer Retrospektive Eric Rohmer.

Anlässlich der Afrika-Tage Hannover gibt es Kino von King Ampaw – „Ju Ju“, Ghana 1985 –, von Haile Gerima – „Ernte 3000 Jahre“, Äthiopien 1975 – und von Suleyman Cissé – „Der Lastenträger“, Mali 1978.

März 1988

Ein neues Veranstaltungsformat: das Kinofrühstück mit einem Gast – und nur für Mitglieder des Förderkreises. Den Anfang macht der Regisseur Oliver Herbrich mit der Erstaufführung seines Films „Bikini mon amour“, Deutschland 1987.

April 1988

Die Neue Presse berichtet: „Filmfest-Chef aus der DDR zu Gast in Hannover“. Der Direktor des Internationalen Leipziger Dokumentarfilmfestivals, Ronald Trisch, ist zu Gast im Koki – mit sechs Preisträgerfilmen im Gepäck. Und die Neue Presse fragt sich: „Lässt sein Hannover-Besuch hoffen, dass das Koki bald ein ähnliches Programm in Leipzig vorstellen kann?“[126] Im Zuge der seit 1987 bestehenden Städtepartnerschaft mit Hannover werden die Kontakte immer enger.

Mai 1988

KINO-MAGICA, ein Seminar mit Werner Nekes. „Eine Einführung in die Sprache der Kinematographie“ anhand seines Films „Ullisses“, Deutschland 1980–82.

Juni 1988

„Schwule Filmtage international – Dieses Programm entstand auf Vorschlag und in Zusammenarbeit mit der ‚Schwulen Filmgruppe in der Home e. V.‘. Es wird nach Hannover auch in Braunschweig, Göttingen, Hamburg, Freiburg und Nürnberg zu sehen sein.“ Acht Veranstaltungen, ein ganzes Wochenende.

Alexander May, der scheidende Intendant des Schauspielhauses Hannover, bekommt als Dank für jahrelange gute Zusammenarbeit eine „Carte Blanche“. May selbst verabschiedet sich mit einer Lesung „Sesam öffne dich – ich möchte hinaus“. Texte von Stanislav Jerzy Lec, vorgetragen auf der Bühne des Rambergsaals.

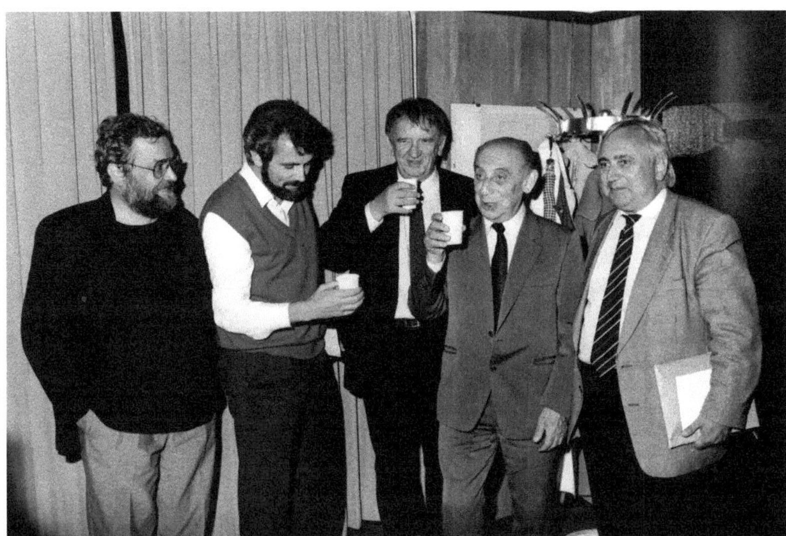

Alexander May (Mitte)
© Kommunales Kino

August 1988

Ausstellung im Kino-Foyer: FILMPALÄSTE. Fotos des Filmjournalisten Kay Hoffmann. Weiter: „Das Kino des Georges Simenon“ und Michael Ciminos „Heaven's Gate“, USA 1980.

September 1988

Bernhard Minetti, der große alte Mann des Theaters, ist zu Gast. Zu sehen ist „Das letzte Band“, eine Bühneninszenierung von Klaus Michael Grüber. Das Koki zeigt Filme mit und auf Wunsch von Minetti.

Filmfest „O Cinema Brasileiro“ – zu Gast für ein Werkstattgespräch: der Journalist und Kenner des lateinamerikanischen Kinos Peter B. Schumann.

November 1988

15.11.: Das Koki bietet in Kooperation mit der VHS Hannover eine Studienfahrt zum Deutschen Filmmuseum in Frankfurt/Main an. Thema: „Von den Anfängen der Fotografie und des Films bis zum gegenwärtigen Film- und Mediengeschehen.“ Abfahrt 6 Uhr morgens, Rückkehr gegen Mitternacht.

„Video-Wogen: 10 Jahre Medienwerkstatt Linden. Die soeben renovierten Seminarräume F und G werden von den Video-Wogen eingeweiht, einem Jubiläumsprogramm mit Höhepunkten aus der unabhängigen Videobewegung. Die Medienwerkstatt Linden, gerade erst 10 Jahre alt geworden, hat dieses Programm zusammen gestellt ...“

Dezember 1988

Sigurd Hermes und das französische Kino! Der Künstler und Filmemacher René Allio ist zu Gast. In Zusammenarbeit mit dem Institut Français zeigt er seinen letzten Film „Un Médecin des Lumières“, Frankreich 1988. Weitere ältere Filme runden das Allio-Porträt ab.

Januar 1989

Retrospektiven Wim Wenders und Andrej Tarkowskij. Filmreihe: „Wo liegt Portugal?“

Februar 1989

Bergfilmreihe „Im Zeichen des Edelweiß“. Auftritt Luis Trenker und andere, „Berge in Flammen“, Deutschland 1930, „Die Eroberung des K2“, Italien, Pakistan 1954, ...

Werkschau Bertrand Tavernier.

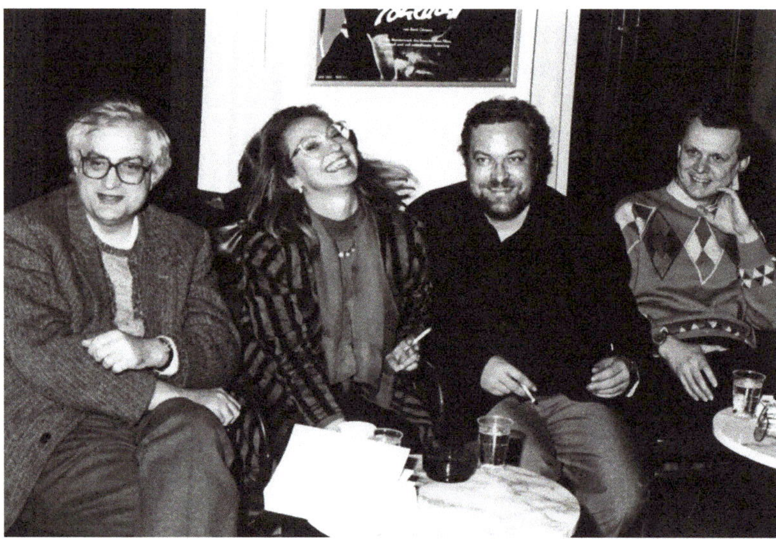

von links: Bertrand Tavernier, Edith Radondi (Institut Français), Sigurd Hermes
© Kommunales Kino

„Klassiker der Avantgarde in sieben verschiedenen Musikfassungen“ – eine Zusammenarbeit mit der Hannoverschen Gesellschaft für Neue Musik.

Die Filme: „Meshes of the Afternoon“, Maya Deren, USA 1943, „H2O“, Ralph Steiner, Deutschland 1929, „L'Étoile de mer“, Man Ray, Frankreich 1928. Die Musik u. a. von: Isabella Celentano, Claudia Bullerjahn, Christoph Hempel, Ekkehard Jost & Ludolf Kuchenbuch und Johannes Goebel.

Mai 1989

Wie jedes Jahr werden die Preisträger der Westdeutschen Kurzfilmtage Oberhausen präsentiert – hier wieder persönlich vorgestellt von der Direktorin Carola Gramann.

Ein Symposium unter dem Titel „Den Geschichten misstrauen?“ über das Verhältnis von Schreiben über Film und Machen von Filmen. In Kooperation mit der Zeitschrift „filmwärts“. Gäste: Hartmut Bitomsky, Manfred Blank, Jürgen Ebert und Harun Farocki.

Juni 1989

„Retro Peter Greenaway“. Reihe zur Französischen Revolution. Film des Monats: „Hotel Terminus – Leben und Zeit des Klaus Barbie“ von Marcel Ophüls, USA 1988.

Juli 1989

„Kommunales Kino auf Erfolgskurs“ lautet am 5. Juli die Schlagzeile in der Neuen Presse. „Mitgliederzuwachs von 340 auf 550 [hiermit sind die Förderinnen und Förderer gemeint, d. Verf.] […] 2000 Besucher und 12.000 Mark Einnahmen mehr als im gleichen Vorjahreszeitraum – ein enormer Zuwachs.“[127]

September 1989

Zum 1. September, dem 50. Jahrestag des Kriegsbeginns, zeigt das Koki „Aus einem deutschen Leben“ von Theodor Kotulla, Deutschland 1977, sowie „Der 81. Schlag“ von David Bergman, Haim Gouri u. a., Israel 1975.

Eine Werkschau Ingmar Bergman wird konterkariert mit der Reihe „Woody Allen will Bergman sein“.

Oktober 1989

„4 x Fontanes Effi Briest“. Vier Verfilmungen dieses literarischen Stoffes.

Zur Ausstellung im Landesmuseum zeigt das Koki die Reihe „Hopi und Kachina“.

November 1989

Das Institut Français de Hanovre gratuliert dem Koki zu seinem 15. Geburtstag und macht ein wunderbares Geschenk: ein Programm der Cinémathèque Française mit sechs selten zu sehenden und zum Teil restaurierten Filmen aus den Anfängen der französischen Filmproduktion. Darüber hinaus gibt es frühe Werke von Gaston Modot oder Robert Bresson. Ein Kinoabend, wie er wohl sonst nur in Paris, in den Räumen der Cinémathèque, möglich gewesen wäre.

Kinoleiter Hermes entfaltet im Gespräch mit der Hannoverschen Allgemeinen Zeitung und mit Blick auf die Cinémathèque seine kühnen Zukunftsträume: „Seine Filmvisionen für Hannover sprengen aber durchaus den Rahmen, den der städtische Haushalt absteckt: Am liebsten wäre dem Kinoleiter ein Koki-Ausbau zum Institut mit einem Filmarchiv, in dem jedem das Wichtigste aus der Filmgeschichte zugänglich würde. Sicher längst nicht so umfassend wie in der Cinémathèque Française, räumt Hermes ein. Doch sie sei gewiss kein schlechtes Vorbild. [...] ‚Wir leben in einer Landeshauptstadt mit Universität und Kunsthochschule. Einen Bedarf gibt’s da zweifellos schon jetzt.‘“[128]

Dezember 1989

„Filme vom anderen Ende der Welt – Das neue Neuseeländische Kino“. Retrospektive Carl Theodor Dreyer.

Der Ausstellungsmacher und Kurator Günter Minas hält einen Vortrag zum Thema „Video-Skulptur“.

Januar 1990

Werkschau Mizoguchi Kenji. Die Reihe „Regisseure für die 90er“ präsentiert Alex Cox, Jacques Rivette, Wim Wenders, Lars von Trier, Hou Hsiao Hsien und andere.

Auftakt einer Sonderreihe von Bergfilm-Matineen in Zusammenarbeit mit dem Deutschen Alpenverein – Sektion Hannover.

Februar 1990

Die Zeitschrift „filmwärts“ präsentiert „Wurlitzer oder Die Erfindung der Gegenwart“ von Antje Starost und Hans-H. Grotjahn, Deutschland 1985.

März 1990

„Vertraut und fremd zugleich – Filme von Frauen aus der DDR und der BR-Deutschland. Drei Tage Filme und Gespräche anlässlich der Veranstaltungen des Frauenbündnisses Hannover zum Internationalen Frauentag.“

Im Eröffnungsprogramm läuft Helke Misselwitz’ „Winter Adé“, DDR 1988. Die Regisseurin ist zu Gast. Am letzten Tag gibt es ein Symposium „mit den anwesenden Filmarbeiterinnen und einer Redakteurin von ‚Frauen und Film‘ zum Stellenwert von Frauenpolitik in der DDR und Perspektiven dortiger Filmarbeit von Frauen.“

Zu Gast in diesem Monat ist Rudolf Thome – anlässlich der Eröffnung einer Retrospektive seiner Filme.

April 1990

Erstaufführung in Hannover: „Route One/USA“ von Robert Kramer, radikaler Filmemacher aus den USA. Laufzeit 240 Minuten.

„Ein gigantisches Filmprojekt, ein Film wie ein Baum oder ein Fluss, ein Filmgewebe aus tausend Fasern, eine Filmlandschaft.“[129]

Ronald Trisch, Festivaldirektor aus Leipzig, ist wieder zu Gast und präsentiert „Preisträger der Internationalen Leipziger Dokumentar- und Kurzfilmwoche für Kino und Fernsehen 1989“.

Und dann: ein Abend mit Schwulenfilmen aus Ost und West.

Mai 1990

Eine Tanzfilmreihe: „Mary Wigman und der deutsche Ausdruckstanz“.

„Kurz und gut: Drei Filme von Romuald Karmarkar – Eine Trilogie der Gewalt“.

Juni 1990

Reihe „Gebaute Illusionen – Architektur im Film“.

Reihe und Seminar „Die bleierne Zeit – Filme aus der Adenauerzeit“, in Zusammenarbeit mit dem Historischen Seminar der Universität Hannover.

„Ein Märchen von gestern – Raumpatrouille Orion – Alle 7 Folgen an einem Abend! Alphaorder: unbedingt anschauen!“ TV-Geschichte (1966) auf der großen Leinwand.

Juli 1990

Zwei Filme von den Färöer-Inseln! „West Side Story“, „Die Brücke am Kwai“ und an mehreren Abenden „My Fair Lady“, danach ist Sommerpause.

September 1990

Tibet-Filmreihe in Zusammenarbeit mit der Tibet Initiative Deutschland e. V.; Einführung und Begrüßung: Heidi Alm-Merk, Niedersächsische Justizministerin.

Eröffnung der Polnischen Filmtage in Hannover. Zu Gast: Feliks Falk und Jan Olszweski, zwei polnische Filmkritiker.

Oktober 1990

„Homosolidarität – Schwule Filmtage in Hannover“. Ein Wochenende schwules Kino.

Und die Filmwerkstatt arbeitet im Hintergrund immer weiter, bietet in Zusammenarbeit mit der Volkshochschule Seminare zu Filmgeschichte und Filmtheorie, aber auch zur Filmpraxis.

November 1990

Film des Monats: „Shalom General“ von Andreas Gruber, Österreich 1989.

Weiter im Programm: „Histoires d'Amerique – Amerikanische Geschichten“ von Chantal Akerman, Belgien/Frankreich 1989. „Aus den Archiven – einmalige Aufführung“ von „O Thiassos – Die Wanderschauspieler“ von Theo Angelopoulos, Griechenland 1975.

Dezember 1990

„Der amerikanische Murnau“ – eine Filmreihe. Ein „Karl Valentin Festival“.

Und ein Film- und Videoprogramm zur 76. Herbstausstellung niedersächsischer Künstler des Kunstvereins; mit dabei u. a. Stojan Angelovski, Thomas Bartels, Claus Blume, Gerd Gockell, Volker Schreiner.

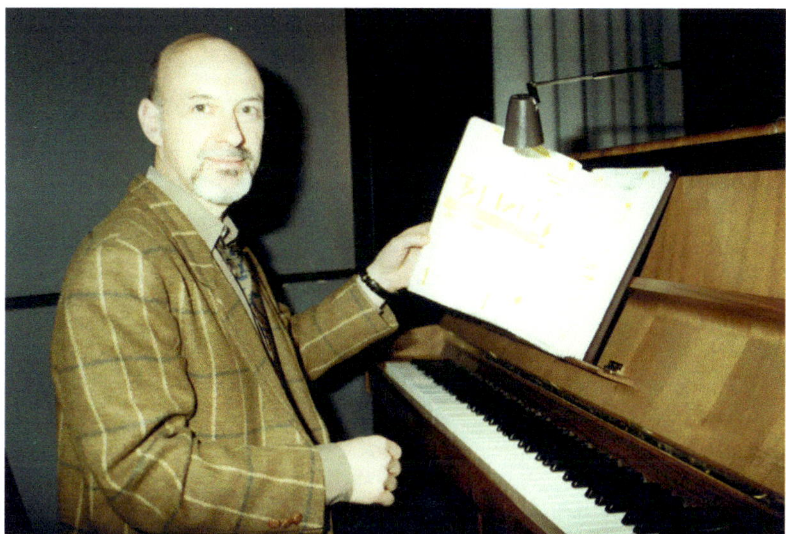

Aljoscha Zimmermann
© Kommunales Kino

Januar 1991

„Trilogie des Sehens – Drei Filme von Werner Nekes“. Eine Reihe, überschrieben mit „Schwarze Kamera“, Filme von Safi Faye und Suleyman Cissé, wird fortgesetzt.

Film des Monats ist „Boulevard d'Afrique – Afrikanische Boulevards“ von Jean Rouch und Tam-Sir Douch, Frankreich 1988. Werkschau des taiwanischen Regisseurs Hou Hsiao Hsien.

Aljoscha Zimmermann begleitet an zwei Abenden live Fritz Langs „Metropolis“.

Februar 1991

Ein Filmprogramm (u. a. „Die Farbe des Granatapfels“ UdSSR 1969) und ein Seminar, überschrieben mit „Grenzüberschreitungen – In Memoriam Sergei Paradzanov“, unter der Leitung von Hans Werner Dannowski, Filmbeauftragter der EKD (und späterhin langjähriger Vorsitzender des Filmbeirates).

März 1991

Drei größere Projekte: Retrospektive G. W. Pabst. Werkschau Stanley Kubrick. „Kino der Perestroika“.

April 1991

„Filmszene Schweiz – Eine Werkschau“. Zu Gast im Rahmen einer Vorpremiere seines Film „Reise der Hoffnung“, Schweiz 1990, ist der Filmemacher Xavier Koller. Weitere Gäste: die Schweizer Regisseure Clemens Klopfenstein und Fredi M. Murer.

Mai 1991

Themenschwerpunkt: „Literatur im deutschen Stummfilm“. Die Filmpianisten Hanns B. Thyssen, Aljoscha Zimmermann und Joachim Bärenz begleiten „Faust“, „Die Büchse der Pandora“, „Danton“ und einige Filme mehr.

Porträts von Michelangelo Antonioni und Derek Jarman.

Ein ganzer Abend mit „Filmen des internationalen Festivals für visuelle Anthropologie in Pärnu/Estland“.

Juni 1991

Monatsschwerpunkt: „15 Jahre Filmverleih DIE LUPE“. Zu sehen sind Filme wie: „Tod in Venedig“, „Die Marx Brothers in der Oper“, „Haben und Nichthaben“, „Macbeth“, „Atalante“, „Der letzte Tango von Paris“.

„Der Pianist im Kino: Ein Abend für Hanns B. Thyssen. – Seit nunmehr zehn Jahren begleitet unser ‚Hauspianist‘ […] Stummfilme am Klavier. Grund genug, ihm einen Abend zu widmen.“

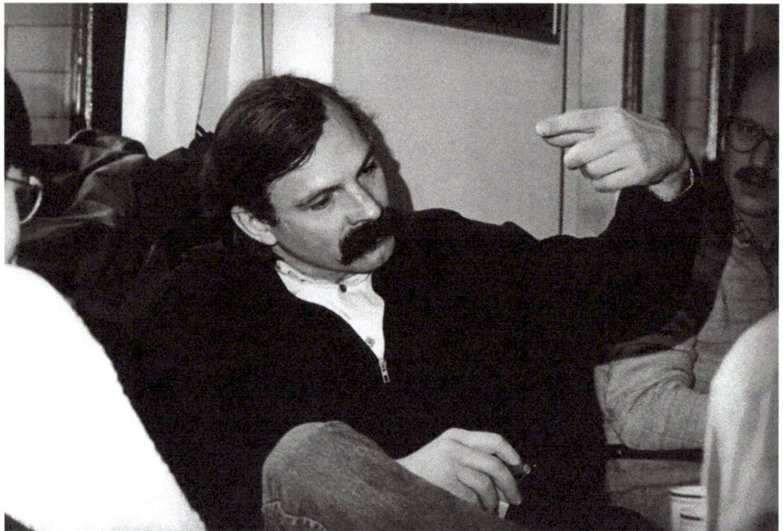

Xavier Koller im Koki
© Kommunales Kino

September 1991

Erneut herbstlich eingetrübte Stimmung in der Landeshauptstadt. Zur bevorstehenden Kommunalwahl stellt die HAZ städtische Einrichtungen auf den Prüfstand. Die Serie trägt den treffenden Titel „Brennpunkte“; Hintergrund der Berichterstattung ist die Finanzkrise, die den Haushalt 1992 bedroht. Am 26.9. lautet die Schlagzeile: „Das Koki steht beim Kämmerer oben auf der Streichliste.“ Und der Artikel setzt ein mit den – geradezu seufzenden – Worten: „Wie sich die Zeiten wiederholen. [...] Etwa 444.000 Mark bekommt heute die Einrichtung mit vier festangestellten Mitarbeitern von der Stadt. Der Etat des Hauses, das knapp 195.000 Mark an Einnahmen verbucht, beträgt etwa 640.000 Mark. Den Löwenanteil machen hier [...] die Personalkosten mit gut 342.000 Mark im Jahr 1991 aus. [...] Gemessen an allen Ausgaben der Stadt für Kulturelles [...] sind die Zuschüsse für das Kommunale Kino nur ein Bruchteil.“[130]

Und wieder muss Sigurd Hermes, geradezu gebetsmühlenartig, erläutern, welche kultur- und bildungspolitische Rolle ein Kommunales Kino spielt, was in Hannover bisher geleistet wurde und immer noch geleistet wird. Gerade hat der von der Presse so titulierte „Kinokönig“ Hans-Joachim Flebbe das Cinemaxx eröffnet, was deutliche Verschiebungen in Hannovers Kinolandschaft nach sich zieht. Doch Hermes stellt klar: „‚Wir machen hier knallharte Kulturarbeit, Achim Flebbe macht Kinogeschäft.‘“[131]

Oktober 1991

Eröffnung der Werkschau Rudolf Jugert. Laudatio: die Produzenten-Legende Hans Abich. Einführung: Rolf Aurich, Gesellschaft für Filmstudien e. V.

Ende des Monats: „10. Schwule Filmtage in Hannover“.

November 1991

Das Film & Medienbüro Niedersachsen präsentiert „Die Niedersachsenrolle – Kurzfilme und Videos aus Niedersachsen“.

Ökumenischer Filmgottesdienst. „Kino-Kirche zum Thema AIDS“.

Dezember 1991

Ein schwerer Brocken in der Vorweihnachtszeit: „Out 1 – Noli me tangere“ von Jacques Rivette. Die Arbeitsfassung von 1970 stellt Rivette erst 20 Jahre später fertig. Entstanden ohne Drehbuch und mit Improvisation der beteiligten Schauspielerinnen und Schauspieler. Acht Teile an drei Abenden, Länge: knapp 13 Stunden!

Schwule Filmtage 1991
© Kommunales Kino

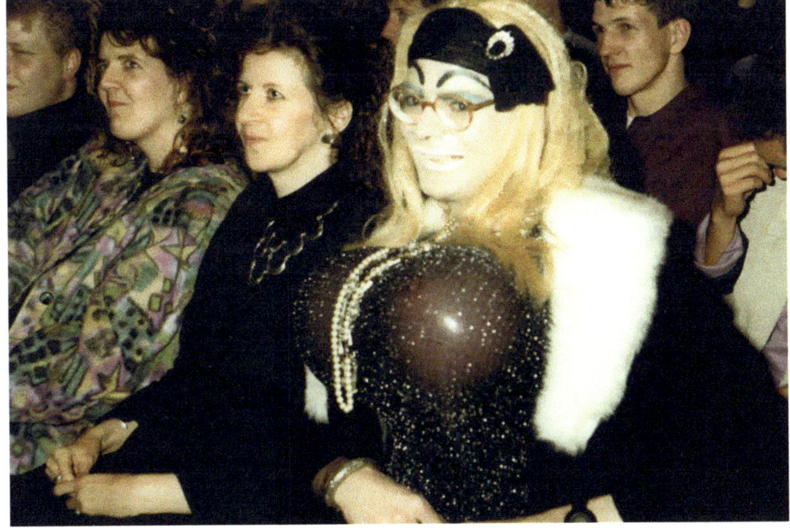

Schwule Filmtage 1991
© Kommunales Kino

Januar 1992

„Festival Neuer Türkischer Film“ in Zusammenarbeit mit dem türkischen Generalkonsulat.

„Indien-Film-Festival“ mit insgesamt 13 Produktionen aus dem letzten Jahrzehnt.

Februar 1992

Die Neue Presse berichtet am 3.2.: „Im Kommunalen Kino feierten gestern türkische und deutsche Kinder den Beginn des ersten Kinderfilmfestivals in Deutschland. [Was natürlich nicht ganz richtig ist, gemeint ist Hannover, d. Verf.] Vom 4. bis 28. Februar zeigt das Koki in 17 hannoverschen Stadtteilen an 48 Veranstaltungstagen fünf Filme über das Leben und die Probleme türkischer Jungen und Mädchen in ihrer Heimat und in Deutschland. [...] ‚Schon vor zwei Jahren entstand der Plan, einmal ein Filmfestival nur für das kleine Publikum auf die Beine zu stellen,‘ berichtet Koki-Chef Sigurd Hermes.“[132]

März 1992

„Parlez-Vous Français? Tage der französischen Filmkultur“. Zur Eröffnung präsentiert Thierry Frémaux, Programmleiter des Institut Lumière in Lyon, frühe Filme der Gebrüder Lumière.

Retrospektive Ernst Lubitsch – mit einem Werkstattgespräch mit Enno Patalas vom Filmmuseum München.

April 1992

„Kulturen der Welt: China“, mit Filmen von Antonioni, Ottinger und anderen.

„Monty Python: Die Kinofilme“.

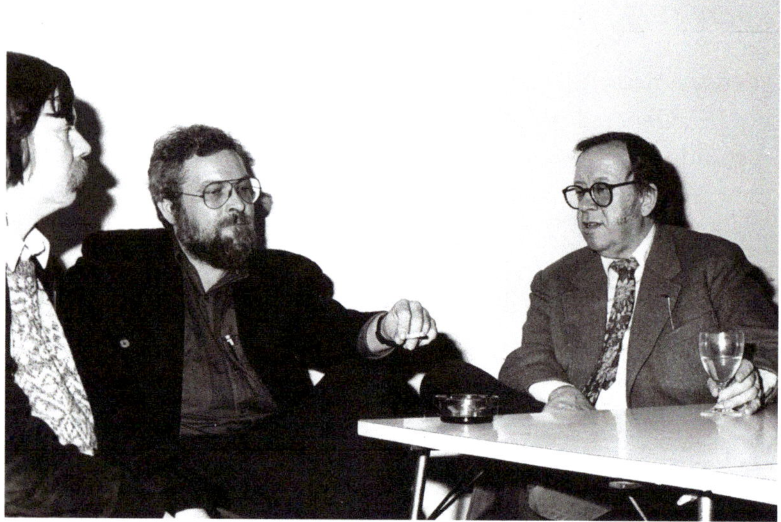
Enno Patalas mit Sigurd Hermes
© Kommunales Kino

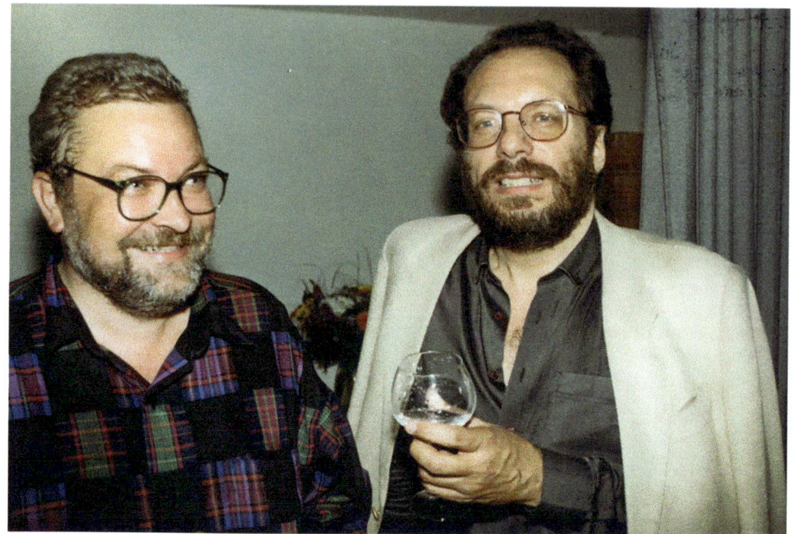
Peter B. Schumann und Sigurd Hermes 1992
© Kommunales Kino

Mai 1992

„Fremdbilder – Niedersächsische Filmtage zum Thema ‚AusländerInnen in Deutschland‘“ – in Zusammenarbeit mit der Film und Video Cooperative und dem Kino im Sprengel. Das „Sprengel-Kino“, 1988 auf dem besetzten gleichnamigen Gelände gegründet und bald seitens der Stadt wieder geschlossen, sollte im Oktober 1992, wenige Monate nach dieser Kooperation mit dem Koki, seine zweite – endgültige – Eröffnung feiern.

Juni 1992

Retrospektive Rainer Werner Fassbinder. Film des Monats: „Schnaps im Wasserkessel“ von Hans Erich Viet, Deutschland 1991. Ein Dokumentarfilm aus und über Ostfriesland, über die Lebensbedingungen der Landbevölkerung und der Polderbauern.

August 1992

Eröffnung der Reihe: „500 Jahre Lateinamerika. Entdeckung – Eroberung – Widerstand.“ Eröffnung durch den Niedersächsischen Minister für Bundes- und Europaangelegenheiten Jürgen Trittin. Einführung durch den renommierten Lateinamerika-Spezialisten Peter B. Schumann.

September 1992

Im Rahmen der Lateinamerika-Tage ist der kritische Journalist und TV-Dokumentarist Gordian Troeller zu Gast.

Darüber hinaus: frühe deutsche Tonfilme, ein Seminar zu Hitchcock, Stadtteil-Kinderkino an 16 Orten in der Stadt. Business as usual, so scheint es. Doch der Schein trügt …

Oktober 1992

„‚Das ist ja fürchterlich‘ – Dem hannoverschen Kommunalen Kino droht das Ende“, ist am 16. Oktober in der HAZ zu lesen. Der Autor Ernst Corinth fast die Situation zusammen und kommentiert:

„Totgesagte leben bekanntlich länger. Ein gutes Beispiel dafür ist das Kommunale Kino (Koki) in Hannover. Seit seiner Gründung im Jahre 1974 hat es sich schnell zum kulturpolitischen Stiefkind der Stadt entwickelt. Seine Existenz ist oft und vehement in Frage gestellt worden, und dennoch hat es, wenn auch mit einem im Vergleich zu anderen Städten recht schmalen Budget ausgestattet, überlebt. Ja, es hat sich in dieser Zeit gar zu einer bundesweit vielbeachteten Filmkunstinstitution entwickelt. Doch nun droht dem Koki, übrigens einem der ältesten Kommunalen Kinos der Republik, das endgültige Aus. Hannover kann sich jedenfalls nach Auffassung seines ansonsten so kulturbeflissenen Oberstadtdirektors Jobst Fiedler die Präsentation und Dokumentation von Filmkunst nicht mehr leisten. Ende April 1993 soll daher im Künstlerhaus der letzte Vorhang fallen. [...] Die Verwaltung plant nicht nur [...]. Die Abwicklung hat längst begonnen. Für Stephan Lohr, zweiter Vorsitzender des hannoverschen Filmbeirates, wäre eine Schließung ein Armutszeugnis für die SPD, die vor 18 Jahren das Koki mit ins Leben gerufen habe. [...] Filmkultur, räumt Lohr ein, sei zwar zugegeben eine ‚heikle Aufgabe‘, das Koki aber die notwendige Ergänzung zu Kinopalästen wie dem Cinemaxx mit ihren ‚Hollywood-Programmen‘.“[133]

Corinth berichtet weiter von Protestnoten und kritischen Stellungnahmen. Für Ulrich Gregor, Mitbegründer der Freunde der Deutschen Kinemathek, Leiter des Internationalen Forums des Jungen Films der Berlinale, ist die Schließungsabsicht eine „fürchterliche Nachricht“, die negative Auswirkungen auf die kulturelle Filmarbeit bundesweit haben wird. Für Heiner Roß vom Metropolis in Hamburg ist die drohende Schließung eine „Katastrophe“.

Eckhard Schleifer, Geschäftsführer der Arbeitsgruppe für Kommunale Filmarbeit, verfasst ein Protestschreiben an OB Schmalstieg, in dem er darauf hinweist, was hier auch an film- und medienpädagogischer Arbeit – über das eigentliche Kinoprogramm hinaus – verschwinden würde. Seniorenkino, Kinderkino etc. „Kulturelle Angebote sind also längst ein unverzichtbarer Bestandteil von Stadtteil-, ja sogar von Sozialarbeit. Bloß in der hannoverschen Verwaltung hat es offensichtlich noch keiner gemerkt. Und für Filmkunst interessiert sich dort eh keiner.“[134]

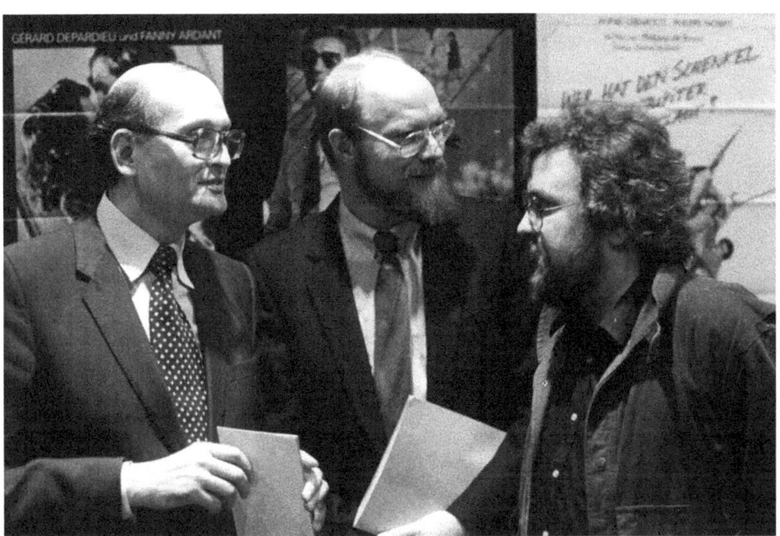

von links: Herbert Schmalstieg, Heiner Roß, Sigurd Hermes
© Kommunales Kino

Auch das Film & Medienbüro Niedersachsen interveniert, appelliert an Rat und Verwaltung, ihrer kulturpolitischen Verantwortung gerecht zu werden.[135]

Die Diskussion um das Koki ist eingebettet in Verhandlungen, die die Landeshauptstadt in diesen Monaten mit dem Land Niedersachsen führt und deren Ziel es ist, Hannover gerade auch im Bereich kultureller Angebote zu entlasten. Zentraler Aspekt: die Übernahme des Staatstheaters durch das Land. Es geht um einen Vertrag „zur Bereinigung der kulturellen und wirtschaftlichen Beteiligungsverhältnisse und zur Sicherung des kulturellen Angebots zwischen dem Land Niedersachsen und der Landeshauptstadt Hannover“. Ein zähes Ringen!

„Während sich im niedersächsischen Landtag eine Einigung zwischen SPD und Grünen über die vollständige Übernahme des Staatstheaters durch das Land abzeichnet, steht die Zukunft städtischer Kultureinrichtungen wie des Kommunalen Kinos (Koki) noch in den Sternen. Oberstadtdirektor Jobst Fiedler hat dem Vernehmen nach das Ansinnen von Kulturministerin Helga Schuchardt abgelehnt, als Gegenleistung für die Übernahme des Staatstheaters den Fortbestand des Kommunalen Kinos vertraglich festzuschreiben. [...] Zu den Gegenleistungen, die das Land bislang der Stadt für sein Entgegenkommen abgefordert hat, zählen Erhalt und Weiterführung des Kunstvereins, des Wilhelm-Busch-Museums, des Sprengel Museums und des Raschplatz-Pavillons. In einer im Mai verfassten Liste des Kulturministeriums war auch noch das Kommunale Kino aufgeführt worden, das jetzt aber offensichtlich auf Bestreben des Oberstadtdirektors aus der Liste gestrichen ist.“[136]

Nun meldet sich auch Kulturamtsleiter Harald Böhlmann zu Wort, der noch einmal Zahlen vorlegt und mit Blick auf die notwendigen Abwicklungskosten bei einer Schließung des Koki von einem „relativ geringen Einspareffekt“ spricht. Der Filmbeirat betont die kulturpolitische Bedeutung des Koki, kritisiert einmütig den Schließungsantrag und die „wenig freundliche Geringachtung“, die der Beirat seitens der Verwaltung erfahren habe. „Das städtische Gremium, erklärt sein zweiter Vorsitzender Stephan Lohr, sei bei den Beratungen über das Koki bisher einfach übergangen worden. [...] Unterstützung erhoffe man sich nun von Seiten des Landes, das bisher stets großes Interesse am Weiterbestehen des Koki signalisiert habe.“[137]

Das Koki-Team gibt sich unbeeindruckt, Hermes bleibt seinem Anspruch treu: Start einer umfangreichen Truffaut-Retrospektive und der Reihe „Transitions – Festival des unabhängigen südafrikanischen Films“.

Und wie ein heimlicher Kommentar zur aktuellen Situation der einzige Film des legendären Komponisten und Künstlers John Cage: „One11 and 103“. Cage: „Was mir vorschwebte, war ein Fernseh-Studio leer zu lassen bis auf das Licht (die Scheinwerfer), das sich üblicherweise in einem TV-Studio befindet. [...] Ansonsten befindet sich in dem Studio wirklich nichts [...] In unserem Film gibt es nichts auf dem Bild, außer den Schatten.“ 90 Minuten lang.

November 1992

Der Koki-Krimi geht weiter. Anfang November erklärt Hans-Joachim Flebbe, dass er dazu beitragen will, das Koki zu erhalten. Die HAZ zitiert ihn mit den Worten: „Ich bin felsenfest davon überzeugt, dass es mit der Hilfe namhafter Sponsoren gelingen muss, das Koki zu retten. [...] In die Kinostadt Nummer eins [...] gehört ein Kommunales Kino.“[138] Flebbe bringt „betuchte Unterstützer“ ins Spiel, wozu er sich auch selbst zählt, es geht um Geld, aber durchaus auch um „Sponsoring mit Markenartikeln“. Werbung müsse geschaltet werden, im Cinemaxx könnten Sonderaktionen stattfinden.[139]

Mittlerweile hat sich auch die „Kulturoffensive 92“ gegründet, die sich gegen die Streichungen und Kürzungen im Kulturhaushalt und natürlich die Schließung des Kommunalen Kinos zur Wehr setzt. Die Initiative wird getragen von nahezu allen großen Häusern der Stadt und ihren Leiterinnen und Direktoren, von der Stadtbibliothek über die Landesbühne bis zum Kestner-Museum (wie es damals noch hieß). Mit dabei: Sprengel Museum, Historisches Museum, Oper, Kunstverein, Schauspielhaus – und natürlich: das Kommunale Kino und der Journalist Stephan Lohr, Filmbeirat. Der Druck auf Rat und Verwaltung wächst.

Oberstadtdirektor Jobst Fiedler nimmt den Ball auf und spielt ihn gleich zurück mit der Aussage, das Koki könne gegebenenfalls weiterbestehen, aber nur mit privatem finanziellen Engagement.[140]

Mitte November findet ein Podiumsgespräch statt. Flebbe, Kulturamtsleiter Böhlmann und Kinoleiter Hermes stellen den von Flebbe lancierten Plan vor. „Und es bewegt sich doch etwas beim Koki“, schreibt die Neue Presse. „Der Rettungsanker: private Sponsorengelder, Werbung und ein stattlicher Zuschuss von der Stadt könnten den Jahresetat von 400.000 Mark erbringen. [...] Aber auch auf Seiten der Stadt tut sich etwas. Oberstadtdirektor Fiedler hat

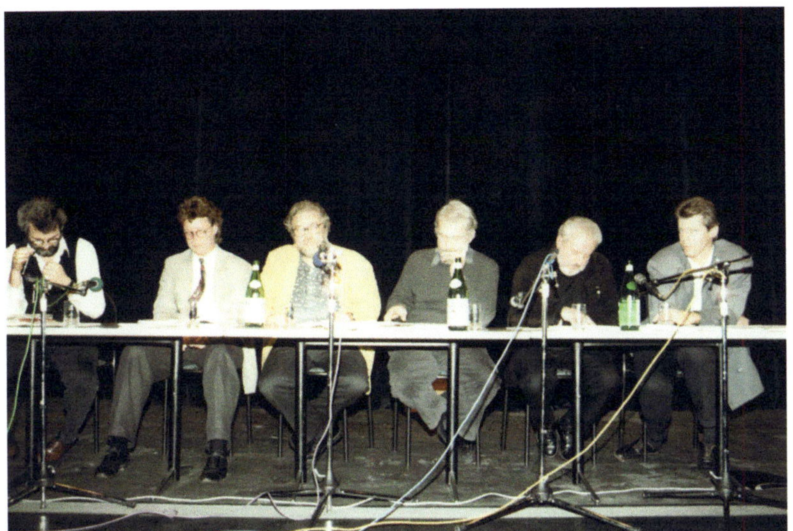

von links: Harald Böhlmann, Achim Flebbe, Sigurd Hermes, zwei Unbekannte, Jochen Coldewey
© Kommunales Kino

bereits angekündigt, angestoßen durch die ‚Kulturoffensive Hannover‘, dass er aus dem Etat der Stadt eine Mark auf jede private Mark legen will“. Auch das Land Niedersachsen bezieht ganz deutlich Stellung. Jochen Koldewey vom Kulturministerium wird zitiert: „Eine Schließung des Koki halten wir angesichts unserer ganzen Filmförderung für kontraproduktiv“.[141]

Dezember 1992

Der „Kulturoffensive 92“ gelingt es, die Öffentlichkeit zu mobilisieren. Am 3.12. kommen rund 3.000 Menschen zu einer Kundgebung auf dem Opernplatz zusammen, um gegen einen kulturellen Kahlschlag in der Landeshauptstadt und damit auch gegen eine Schließung des Koki zu protestieren.

Am 18.12. wird der Vertrag „zur Bereinigung der kulturellen und wirtschaftlichen Beteiligungsverhältnisse und zur Sicherung des kulturellen Angebots zwischen dem Land Niedersachsen und der Landeshauptstadt Hannover“, kurz: Stadt-Land-Vertrag, unterzeichnet. Die Niedersächsischen Staatstheater werden vom Land übernommen. Im Gegenzug verpflichtet sich die Stadt zur Pflege und Förderung des Sprengel Museums, des Raschplatz-Pavillons, des Kunstvereins, der Festwochen Herrenhausen und des Wilhelm-Busch-Museums. Und dann kommt der entscheidende Passus: „Die Stadt verpflichtet sich darüber hinaus, auch weiterhin ein kommunales Filmkunstangebot aufrechtzuerhalten.“[142]

Das Koki wird nicht ausdrücklich genannt. Es lässt sich nur vermuten, dass Oberstadtdirektor Fiedler hier bis zuletzt versucht hat, die Zukunft der institutionalisierten Filmkunst offen zu halten.

Am 22.12., dem letzten Spieltag des Jahres, wird eingeladen zu „Kokis Weihnachtsparty“. Im Ankündigungstext heißt es: „Zum Abschluss eines Jahres, an dessen Ende die Zukunft eines Kommunalen Kinos in Hannover mehr als ungewiss ist, möchten wir unseren Besuchern einen genussreichen Kinoabend bereiten“.[142]

Und das neue Jahr bringt einen Durchbruch, der ebenfalls „kulinarisch“ garniert ist …

Januar 1993

Jetzt steht es endlich fest: „Bahlsen-Kekse sollen das Koki retten – Im Koki wird geknabbert für den guten Zweck“. So ist am 21. Januar in der HAZ zu lesen. Das Foto zeigt Werner Bahlsen, Jobst Fiedler, Hans-Joachim Flebbe und Sigurd Hermes gut gelaunt nebeneinander im Kino beim fröhlichen Hineingreifen in eine Bahlsen-Knabbertüte. Die Neue Presse vom gleichen Tag stellt unter Beweis, dass

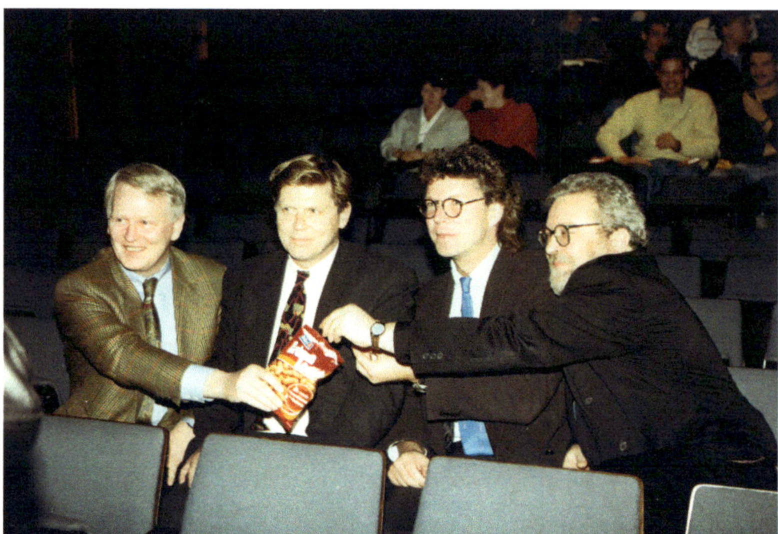

Knabbern fürs Kino mit (von links) Werner-Michael Bahlsen, Oberstadtdirektor Jobst Fiedler, Achim Flebbe, Sigurd Hermes

sie die Kunst der Alliteration wahrlich beherrscht, und überschreibt den Artikel mit den Worten: „Koki-Keks und Kinokönig stopfen das Kassenloch.“[143]

Und das ist der Plan: „Die Bahlsen KG schenkt dem ‚Kino im Künstlerhaus‘, wie sich das Koki neuerdings auch nennt, bis 1995 jedes Jahr süße Ware im Herstellungswert von 36.000 Mark. In der kommunalen Spielstätte und in den Cinemaxx-Kinos wird sie dann zum normalen Ladenpreis verkauft. Der Kekserlös soll jährlich etwa 70.000 Mark bringen, zu denen Cinemaxx-Besitzer Hans Joachim Flebbe noch einmal 50.000 Mark aus Matineen und Benefiz-Vorstellungen beisteuern will.“ Weiterhin wird Landesförderung beantragt, und die Stadt plant alljährlich 120.000 Mark an Zuschuss für das Koki ein. Weiterhin gibt es ab sofort einen kommerziellen Werbeblock vor jeder Vorstellung, und die Eintrittspreise werden um zwei Mark erhöht.

Flebbe zielt angesichts der Bedrohung von Kultur durch leere Kassen noch weiter mit seiner Initiative: „Das kann nur der Anfang im Kultur-Sponsoring sein. Wir wollen etwas für unsere Stadt tun. Ich hoffe, es machen sich noch viele andere Unternehmen für das Kulturleben stark.“[144]

Dass das Label „Kino im Künstlerhaus“ in diesen Wochen die Bezeichnung „Kommunales Kino“ in den Hintergrund drängt, ist natürlich der Tatsache geschuldet, dass der kommunale Anteil an der Förderung dieser Institution vergleichsweise nachrangig wird.

Der Programmflyer kündigt erhöhte Eintrittspreise an und präsentiert im Zusammenspiel mit dem Historischen Seminar der Universität Hannover, mit der Gesellschaft für Filmstudien und der Landesmedienstelle eine Werkschau der „Filmaufbau GmbH Göttingen“. Der „Aufbau“-Produzent Hans Abich ist zu Gast.[144] Beginn einer mehrmonatigen Retrospektive Louis Malle.

Februar 1993

Auftakt einer groß angelegten Filmreihe: „Ufa – Das deutsche Bilderimperium – 21 Ufa-Filme ab 12. Februar“. In Zusammenarbeit mit dem Zeughaus-Kino des Deutschen Historischen Museums, das inzwischen von Rainer Rother geleitet wird.

März 1993

Film des Monats: „Der schwebende Schritt des Storches“ von Theo Angelopoulos, F/GR/I/CH 1991. Am 22. März ist der „große Grieche“ zu Gast im Koki.

Zur Internationalen Frauenwoche steht „BeFreier und Befreite“ von Helke Sander und Barbara Johr, Deutschland 1992, auf dem Programm. Begleitend dazu: Barbara Johr im Gespräch mit Lea Rosh, NDR Hannover.

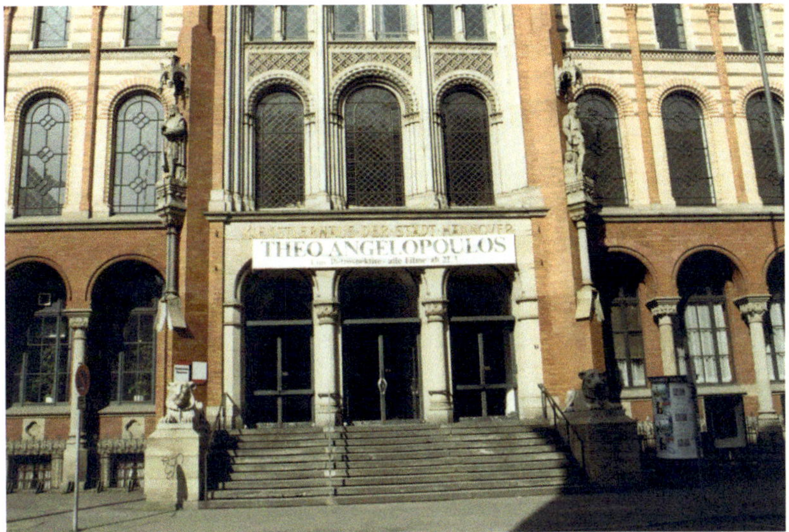

Banner Theo Angelopoulos
© Kommunales Kino

April 1993

„Neu in Hannover“: Nizamettin Aric mit seinem Film „Ein Lied für Beko“, Deutschland 1992 – und der exzentrische Kanadier Guy Maddin mit „Archangel“, Kanada 1990.

Mai 1993

Besuch aus Russland: Der Direktor des Dokumentarfilmfestivals St. Petersburg, Michail Litwjakow, präsentiert ein Auswahlprogramm. Eine Zusammenarbeit mit der Medienagentur M7.

Zweitägiges Seminar über „Unterhaltung und Propaganda im Ufa-Film der Nazizeit“. Mit den Filmhistorikern Rainer Rother, Michael Esser und Klaus Kreimeier, der 1992 das umfangreiche Buch „Die Ufa-Story – Geschichte eines Filmkonzerns“ veröffentlicht hat.

Juni 1993

„Das neue Filmbuch: Thomas Meder, Vom Sichtbarmachen der Geschichte – Der italienische ‚Neorealismus‘, Rosselinis ‚Paisà‘ und Klaus Mann“. Vortrag des Autors und Vorführung von „Paisà“.

August 1993

Mansour Ghadarkhahs „Auge um Auge“, Deutschland 1992, wird präsentiert als „Die Kinopremiere“. Eine Produktion, vorgestellt von der Niedersächsischen Filmförderung.

Reihe: „China explodiert – 4 Filme von Zhang Yimou“.

Film des Monats ist Michael Hanekes „Bennys Video“, Österreich/Schweiz 1992.

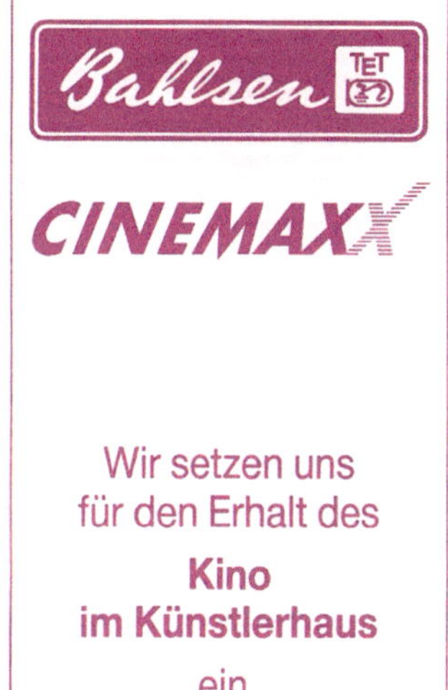

Im Monatsprogramm 8/93
© Kommunales Kino

September 1993

Reihe: „Filmland Israel“ – in Kooperation mit der VHS Hannover und der Deutsch-Israelischen Gesellschaft.

Der Journalist und Filmexperte Siegfried Tesche ist Referent eines Filmseminars über den Hollywood-Regisseur Fred Zinnemann.

Oktober 1993

Eröffnung einer Filmreihe, die über mehrere Monate Filme aus verschiedenen europäischen Ländern zum Thema „Migration-Flucht-Exil“ präsentiert. Kooperation mit der Gesellschaft für Filmstudien e. V., Förderung durch das Land Niedersachsen, Unterstützung von der Druckerei Offizin GmbH. Kooperation kostet viel Zeit und Energie, klappt aber immer wieder gut.

November 1993

Der Kunstverein zeigt eine Ausstellung mit Werken des Bildhauers Richard Deacon. Das Koki spielt eine „Carte Blanche“ für Deacon. Der Künstler möchte u. a. „Rashomon“, „Solaris“ und „Zabriskie Point“ mit dem Koki-Publikum teilen.

Dezember 1993

„Inventur – Filmwerkschau Niedersachsen“, präsentiert vom Film & Medienbüro Niedersachsen.

Die Filmhochschule Konrad Wolf ist zu Gast in Hannover mit vier Filmen von Studierenden aus dem Jahr 1993.

Januar 1994

Eine rekonstruierte Fassung von Murnaus „Der brennende Acker“. Musikalisierung: Aljoscha Zimmermann, Einführung: Enno Patalas vom Filmmuseum München.

Rudolf Thome ist wieder einmal zu Gast zur Premiere seines neuen Films „Die Sonnengöttin“, Deutschland 1992.

Februar 1994

Die Reihe „Neu in Hannover“ wird fortgesetzt: „Die Macht der Bilder – Leni Riefenstahl“ von Ray Müller, Deutschland/Frankreich 1993. Ein kontroverses Thema, ein kontroverser Film.

Und dann: eine Hommage an William S. Burroughs, anlässlich seines 80. Geburtstages.

März 1994

„Drehbuch: Die Zeiten“ von Winfried Junge, Deutschland 1993, Länge: 284 Minuten. Untertitel: „Drei Jahrzehnte mit den Kindern von Golzow und der DEFA“.

Weiter im Programm: die Regisseure André Techiné, Sergej Bodrow und Idrissa Ouédraogo.

April 1994

Eröffnung von „Filmland Ungarn“. Zu Gast: der international renommierte OSCAR-Preisträger István Szabó!

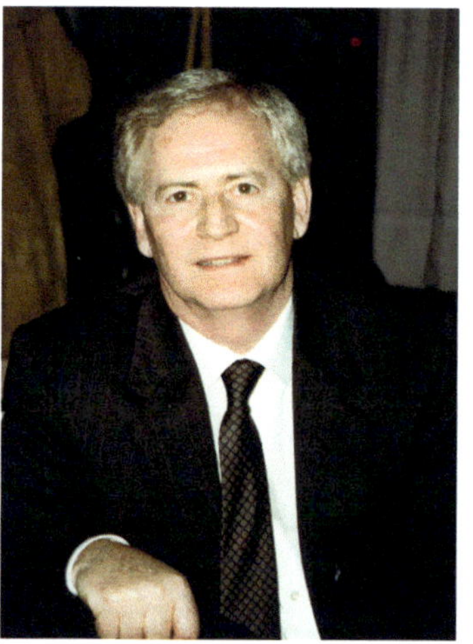

István Szabó
© Kommunales Kino

Mai 1994

Hellmut Karasek ist zu Gast in Hannover. Vorgestellt wird – in Kooperation mit der Buchhandlung Sachse & Heinzelmann – sein Buch über Billy Wilder.

Juni 1994

Am 4.6. feiern zum ersten Mal Künstlerhaus und Schauspielhaus das „Sommerfest im Hof“.

Juli 1994

Trotz wiederkehrender existenzieller Krisen, trotz Schließungsdrohungen hat das Koki während all der Jahre einfach weitergemacht, hat Monat für Monat ein anspruchsvolles Programm auf die Leinwand gebracht und illustre, namhafte Gäste nach Hannover geholt. Seit Anbeginn im Jahr 1974 steht dabei immer wieder das französische Kino, die französische Filmgeschichte im Fokus. Das hat nun Folgen.

Am 14. Juli gibt der französische Staat bekannt, dass Sigurd Hermes zum Ritter „geschlagen“ werden soll. Aufgrund seines Engagements für den französischen Film darf er sich mit dem Titel „Ritter der Ehrenlegion (des Ordens für Kunst und Literatur)“ schmücken. Die HAZ besucht den Koki-Leiter zu Hause und weiß zu berichten, dass Hermes erst der 56. Deutsche ist, der diesen Titel tragen darf – und dies, obwohl er kaum ein Wort Französisch spricht.[145]

„Ritterschlag“ für den langjährigen „Kino-König ohne Land“ Sigurd Hermes! Eine Anerkennung für zwei Jahrzehnte engagierte Kinoarbeit.

Und es sollten noch zwei weitere Jahrzehnte folgen. 2014 geht Sigurd Hermes in den Ruhestand. 2017 stirbt der Vorkämpfer für die kulturelle Kinoarbeit.

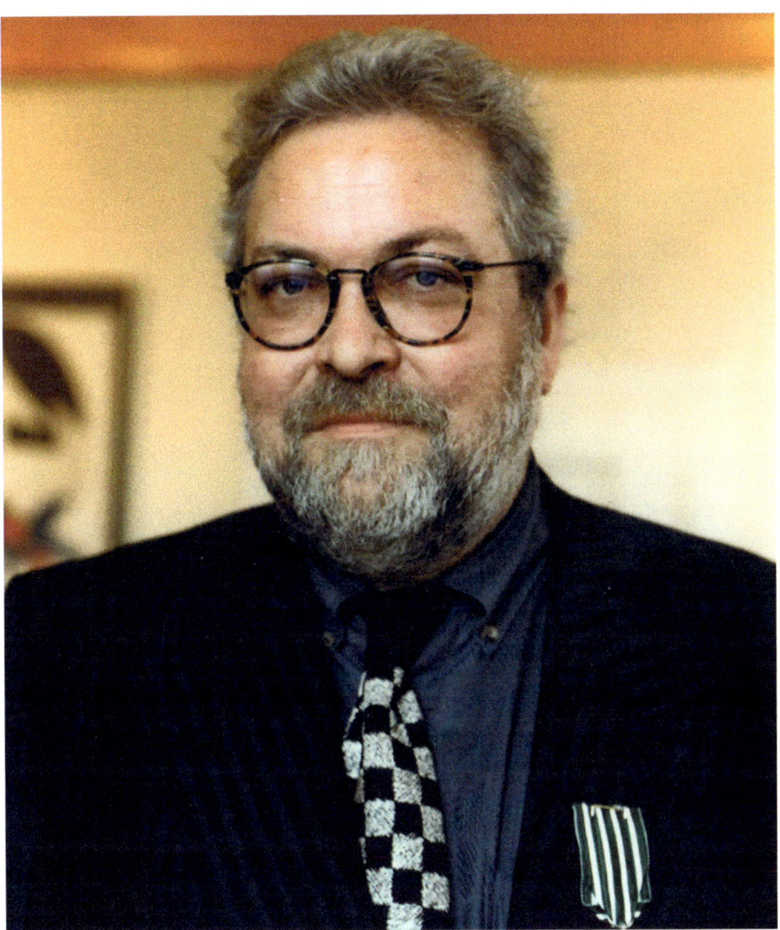

Sigurd Hermes, Ritter der französischen Ehrenlegion
© privat

Im Oktober 2024 feiert das Kommunale Kino Hannover seinen 50. Geburtstag. Es wird weiterhin seine mehr als notwendige kulturelle Kinoarbeit unter – seit 1974 – komplett veränderten cineastischen, soziokulturellen und medientechnischen Rahmenbedingungen leisten.

Quellen und Anmerkungen

1 Hans Werner Dannowski, Rede zum 30-jährigen Jubiläum des Kommunalen Kinos Hannover am 15.10.2004. Manuskript Kommunales Kino Hannover
2 „Zwischen 1965 und 1976 ging die ohnehin schon rasant fallende Zahl der Kinobesucher von 294 Millionen noch um mehr als die Hälfte auf 115,1 Millionen zurück …" Axel Schildt, Detlef Siegfried, Deutsche Kulturgeschichte – Die Bundesrepublik von 1945 bis zur Gegenwart, München 2009, S.329
3 Vgl. https://www.filmportal.de/thema/die-1960er-jahre – abgerufen am 26.8.2024
4 Schildt, Siegfried, a.a.O. S.329
5 Vgl. Alexander Mitscherlich, Die Unwirtlichkeit unserer Städte, Frankfurt/Main 2008 (Neuauflage), zuerst erschienen 1965
6 Kurt Eichler, Tobias J. Knoblich, Wege zur menschlichen Stadt. Vor 50 Jahren verabschiedete der Deutsche Städtetag eine wegweisende Konzeption zur kulturellen Stadtentwicklung, in: Kulturpolitische Gesellschaft e. V. (Hrsg.), Kulturpolitische Mitteilungen Nr. 181 II/2023, S. 38
7 Dierk Joachim, Hans-Jürgen Will, … damit diese Filme gezeigt werden können – Entstehung und Entwicklung der Kommunalen Kinos – Transkript einer Rundfunksendung des NDR / Kulturelles Wort vom 22.5.1979, Redaktion Alfred Paffenholz, in: StadtA H 1.NR.4.01, 1905
8 Hilmar Hoffmann, Originalton in: Joachim, Will, a.a.O.
9 Hilmar Hoffmann, Kultur für alle, Frankfurt/Main 1979
10 Hilmar Hoffmann, Kommunales Kino, in: Karsten Witte (Hrsg.), Theorie des Kinos, Frankfurt/Main 1972, S.270
11 Hilmar Hoffmann, Zur Genese des Kommunalen Kinos, in: Bundesverband kommunale Filmarbeit e. V. (Hrsg.), Andere Filme anders zeigen – 40 Jahre Bundesverband kommunale Filmarbeit, Frankfurt/Main 2015, S.6
12 Ralf Knobloch-Ziegan, Was heißt hier „kommunales Kino"?, in: Lutz Hieber, Rainer Winter (Hrsg.), Film als Kunst der Gesellschaft – Ästhetische Innovationen und gesellschaftliche Verhältnisse, Wiesbaden 2020, S.164
13 Drucksache 37/74 der Stadt Hannover, 4. Januar 1974, in: StadtA H 1.NR.0.01 Nr. 562
14 ebenda
15 ebenda
16 vgl. Hannoversche Allgemeine Zeitung, 27.3.1973, in: StadtA H 1.NR.1.03 Nr. 315
17 vgl. Neue Hannoversche Presse, 26.6.1973, in: StadtA H 1.NR.1.03 Nr. 315
18 Neue Hannoversche Presse, 23.11.1973, in: StadtA H 1.NR.1.03 Nr. 315
19 ebenda
20 Neue Hannoversche Presse, 9.11.1973, in: StadtA H 1.NR.1.03 Nr. 315
21 vgl. Drucksache 37/74 der Stadt Hannover, a.a.O.
22 ebenda
23 Drucksache 1229/73 der CDU-Faktion im Rat der Stadt Hannover, 27.11.1973, in: StadtA H 1.NR.0.01 Nr. 561
24 vgl. Drucksache 38/74 der Stadt Hannover, 4. Januar 1974, in: StadtA H 1.NR.0.01 Nr. 562
25 Drucksache 37/74 der Stadt Hannover, a.a.O.
26 Anlage 1 zu Drucksache 38/74 der Stadt Hannover, in: StadtA H 1.NR.0.01 Nr. 562
27 Drucksache 37/74 der Stadt Hannover, a.a.O.
28 https://www.documenta.de/de/retrospective/documenta_5# – abgerufen am 23.4.2024
29 ebenda
30 ebenda
31 zitiert nach Sabiene Autsch, Black Box und White Cube – Film auf der documenta. In: Navigationen – Zeitschrift für Medien- und Kulturwissenschaften, Jg. 6 (2006), Nr. 1, S.85
32 ebenda, S.87
33 ebenda, S.87f
34 vgl. ebenda, S.93f
35 http://archiv.filmbuero-nds.de/fmb_rb71/fmb_rb71_abschied_de.htm – Michael Kaiser, Artikel in der Braunschweiger Zeitung vom 5.7.2003. Nachdruck mit freundlicher Genehmigung des Autors und des Verlages – abgerufen am 23.4.2024
36 Kommunales Kino Hannover, Programmflyer Oktober 1974, Archiv Kommunales Kino Hannover
37 Alle Zitate aus dem Protokoll der 12. Sitzung des Kulturausschusses, 4.2.1974, in: StadtA H 1.NR.0.01 Nr. 523
38 ebenda
39 Protokoll der 15. Sitzung des Kulturausschusses, 27.5.1974, in: StadtA H 1.NR.0.01 Nr. 523
40 alle Zitate: ebenda
41 Vgl. Susanne Höbermann, Bewegte Zeiten: 25 Jahre Kommunales Kino Hannover, Eigenpublikation 1999, Archiv Koki
42 vgl. Protokoll der 1. Sitzung des Filmbeirates am 26.8.1974, in: StadtA H 1.NR.0.01 Nr. 800
43 Programmflyer Kommunales Kino Hannover, Dezember 1974, Archiv Koki
44 Programmflyer Kommunales Kino Hannover, September 1976, Archiv Koki
45 Programmflyer Kommunales Kino Hannover, Oktober 1974, Archiv Koki
46 Protokoll der 1. Sitzung des Filmbeirates am 26.8.1974, a.a.O.

47 ebenda
48 Plakat zum Eröffnungsfest des Kommunalen Kinos, Archiv Koki
49 Neue Hannoversche Presse, 14.10.1974, Archiv Koki
50 Hannoversche Allgemeine Zeitung, 14.10.1974, Archiv Koki
51 Für das gesamte Kapitel vgl. die Programmflyer Kommunales Kino Hannover 1974–1979, Archiv Koki – Anmerkung: Es wurde zu dieser Zeit noch nicht gegendert.
52 Filmportal.de – https://www.filmportal.de/person/thomas-mitscherlich_5755034273c34a269d6ac2df002015ff – abgerufen am 19.6.2024
53 Winfried Kullmann, Blog-Beitrag 2016: Aus dem Abseits: Peter-Brückner-Archiv der TIB unterstützt Film-Projekt. Zitiert nach: https://blog.tib.eu/2022/05/13/ein-mensch-mit-vielen-widerspruechlichen-gesichtern-und-mehreren-leben-zum-100-geburtstag-peter-brueckners/ – abgerufen am 19.6.2024
54 Arsenalfilm.de – https://arsenalfilm.de/dzs/pages/crew_ried.html – abgerufen am 20.6.2024
55 Vgl. https://de.wikipedia.org/wiki/Reinhold_Elschot – abgerufen am 20.6.2024
56 Vgl. https://www.kinderundjugendmedien.de/autoren/470-horst-schaefer – abgerufen am 20.6.2024
57 Vgl. https://bazonbrock.de/bazonbrock/biographie/kurz/ – abgerufen am 20.6.2024
58 Vgl. https://www.wallstein-verlag.de/autoren/hanjo-kesting.html – abgerufen am 20.6.2024
59 Vgl. https://steidl.de/Kuenstler/Oskar-Negt-0915252834.html – abgerufen am 20.6.2024
60 Vgl. https://de.wikipedia.org/wiki/Rudolf_Lange_(Journalist) – abgerufen am 20.6.2024
61 https://www.filmportal.de/film/hitler-ein-film-aus-deutschland_0396b56331ac47098e1360c7e7663027 – abgerufen am 20.6.2024
62 Vgl. https://de.wikipedia.org/wiki/Hitler,_ein_Film_aus_Deutschland – abgerufen am 20.6.2024
63 „Auf dem SDS-Delegiertenkongress 1968 beschuldigte Helke Sander, Sprecherin des Aktionsrates zur Befreiung der Frau, die SDS-Männer, in ihrer Gesellschaftskritik nicht weit genug zu gehen, weil sie die Diskriminierung der Frauen ignorierten. Tatsächlich sei der SDS selbst das Spiegelbild einer männlich geprägten Gesellschaftsstruktur. Da die Genossen nicht bereit waren, diese Rede zu diskutieren und zur Tagesordnung übergehen wollten, warf Sigrid Rüger – als Zeichen weiblichen Protestes – Tomaten in Richtung Vorstandstisch.“ Bundeszentrale für politische Bildung – https://www.bpb.de/themen/gender-diversitaet/frauenbewegung/35287/ein-tomatenwurf-und-seine-folgen/ – abgerufen am 18.6.2024
64 ebenda
65 vgl. ebenda
66 vgl. http://www.brigitte-tast.de/bio.htm – abgerufen am 18.6.2024
67 Programmflyer Kommunales Kino Hannover, 12/1974, Archiv Koki
68 Programmflyer Kommunales Kino Hannover, 2/1976, Archiv Koki
69 Vgl. exemplarisch Programmflyer Kommunales Kino Hannover, 6–7/1975, 2/1976, 3/1976, 8/1976, Archiv Koki
70 Vgl. https://www.adk.de/de/akademie/mitglieder/index.htm?we_objectID=55063 – abgerufen am 21.6.2024
71 https://www.filmdienst.de/artikel/59904/film-als-underground-zum-tod-von-birgit-hein – abgerufen am 21.6.2024
72 Frank Johannsen, Kino mit dem Bauch genießen, Hannoversche Allgemeine Zeitung, 30.10.1979, in: StadtA H 1.NR.4.01 Nr.1905
73 Leserbrief von Alfred Paffenholz an die HAZ vom 2.11.1979, in: StadtA H 1.NR.4.01 Nr.1905
74 Traumhaft! Filmkritik von Dietrich Kuhlbrodt in der Frankfurter Rundschau, 30.11.1979 in: StadtA H 1.NR.4.01 Nr. 1905
75 Sigurd Hermes, Originalton in: Joachim, Will, a.a.O.
76 Protokoll der 6. Sitzung des Filmbeirates am 27.1.1975, in: StadtA H 1.NR.0.01 Nr. 880
77 vgl. ebenda
78 vgl. Protokoll der 7. Sitzung des Filmbeirates, 24.2.1975, in: StadtA H 1.NR.0.01 Nr. 880
79 vgl. Protokoll der 9. Sitzung des Filmbeirates, 15.5.1975, in: StadtA H 1.NR.0.01 Nr. 880
80 Vgl. ebenda
81 Neue Hannoversche Presse, 25.2.1975, in: StadtA H 1.NR.1.03 Nr. 315
82 Neue Hannoversche Presse, 4.10.1975, in: StadtA H 1.NR.1.03 Nr. 315
83 Vgl. Protokoll der 11. Sitzung des Filmbeirates, 3.10.1975, in: StadtA H 1.NR.0.01 Nr. 880
84 Neue Hannoversche Presse, 5.11.1975, in: StadtA H 1.NR.1.03 Nr. 315
85 Protokoll der 12. Sitzung des Filmbeirates, 15.12.1975, in: StadtA H 1.NR.0.01 Nr. 880
86 Vgl. Neue Hannoversche Presse, 21.1.1978, in: StadtA H 1.NR.1.03 Nr. 315
87 Hannoversche Allgemeine Zeitung, 30.5.78, in: StadtA H 1.NR.1.03 Nr. 315
88 Neue Hannoversche Presse, 3.7.1978, in: StadtA H 1.NR.1.03 Nr. 315
89 Neue Hannoversche Presse, 14.10.1978, in: StadtA H 1.NR.1.03 Nr. 315
90 Hannoversche Allgemeine Zeitung, 24.11.78, in: StadtA H 1.NR.1.03 Nr. 315
91 Höbermann, a.a.O.
92 Neue Hannoversche Presse, 6.4.1979, in: StadtA H 1.NR.1.03 Nr. 316
93 Höbermann, a.a.O.

94 Vgl. Programmflyer Kommunales Kino Hannover, 3 und 4/1979, Archiv Koki
95 Für die Programminhalte in der Chronik vgl. die Programmflyer Kommunales Kino Hannover 1979–1994, Archiv Koki. Anmerkung: Ich verzichte aus Authentizitätsgründen – analog zu den Texten aus der Zeit, die ich hier direkt oder indirekt zitiere – auf das Gendern.
96 Höbermann, a.a.O.
97 Hannoversche Allgemeine Zeitung, 5.8.1980, in: StadtA H 1.NR.1.03 Nr. 889
98 Neue Hannoversche Presse, 1.10.1980, in: StadtA H 1.NR.1.03 Nr. 889
99 Neue Presse, 28.10.1981, in: StadtA H 1.NR.1.03 Nr. 889
100 Hannoversche Allgemeine Zeitung, 31.10.1981, in: StadtA H 1.NR.1.03 Nr. 889
101 Neue Presse, 27.10.1981, in: StadtA H 1.NR.1.03 Nr. 889
102 BILD-Zeitung, 4.12.1981, in: StadtA H 1.NR.1.03 Nr. 889
103 Hannoversche Allgemeine Zeitung, 18.12.1981, in: StadtA H 1.NR.1.03 Nr. 889
104 Neue Presse, 18.12.1981, in: StadtA H 1.NR.1.03 Nr. 889
105 Hannoversche Allgemeine Zeitung, 12.2.1982, in: StadtA H 1.NR.1.03 Nr. 889
106 Hannoversche Allgemeine Zeitung, 1.4.1982, in: StadtA H 1.NR.1.03 Nr. 889
107 Neue Presse, 20.4.1982, in: StadtA H 1.NR.1.03 Nr. 889
108 Vgl. Hannoversche Allgemeine Zeitung, 23.4.1982, in: StadtA H 1.NR.1.03 Nr. 889
109 Vgl. Hannoversche Allgemeine Zeitung, 11.2.1983, in: StadtA H 1.NR.1.03 Nr. 889
110 ebenda
111 Vgl. Neue Presse, 14.2.1983, in: StadtA H 1.NR.1.03 Nr. 889
112 Neue Presse, 16.3.1983, in: StadtA H 1.NR.1.03 Nr. 889
113 Vgl. Hannoversches Wochenblatt, 12.4.1984, in: StadtA H 1.NR.1.03 Nr. 889
114 Neue Presse, 25.6.1984, in: StadtA H 1.NR.1.03 Nr. 889
115 Hannoversche Allgemeine Zeitung, 16.10.1984, in: StadtA H 1.NR.1.03 Nr. 889
116 ebenda
117 Neue Presse, 17.10.1984, in: StadtA H 1.NR.1.03 Nr. 889
118 Vgl. Neue Presse, 28.6.1985, in: StadtA H 1.NR.1.03 Nr. 889
119 Hannoversche Allgemeine Zeitung, 2.12.1986, in: StadtA H 1.NR.1.03 Nr. 889
120 Hannoversche Allgemeine Zeitung, 16.12.1986, in: StadtA H 1.NR.1.03 Nr. 889
121 Vgl. Neue Presse, 19.3.1987, in: StadtA H 1.NR.1.03 Nr. 889
122 Hannoversche Allgemeine Zeitung, 1.4.1987, in: StadtA H 1.NR.1.03 Nr. 889
123 Vgl. Neue Presse, 1.10.1987, in: StadtA H 1.NR.1.03 Nr. 889
124 Neue Presse, 26.10.1987, in: StadtA H 1.NR.1.03 Nr. 889
125 Neue Presse, 29.1.1988, in: StadtA H 1.NR.1.03 Nr. 889
126 Neue Presse, 13.4.1988, in: StadtA H 1.NR.1.03 Nr. 889
127 Neue Presse, 5.7.1989, in: StadtA H 1.NR.1.03 Nr. 889
128 Hannoversche Allgemeine Zeitung, 16.11.1989, in: StadtA H 1.NR.1.03 Nr. 889
129 https://www.viennale.at/de/film/route-oneusa-0 – abgerufen am 14. Juli 2024
130 Hannoversche Allgemeine Zeitung, 26.9.1991, in: StadtA H 1.NR.1.03 Nr. 889
131 ebenda
132 Neue Presse, 3.2.1992, in: StadtA H 1.NR.1.03 Nr. 889
133 Hannoversche Allgemeine Zeitung, 16.10.1992, in: StadtA H 1.NR.1.03 Nr. 889
134 ebenda
135 Vgl. Hannoversche Allgemeine Zeitung, 10.11.1992, in: StadtA H 1.NR.1.03 Nr. 889
136 Hannoversche Allgemeine Zeitung, 24.10.1992, in: StadtA H 1.NR.1.03 Nr. 889
137 Hannoversche Allgemeine Zeitung, 28.10.1992, in: StadtA H 1.NR.1.03 Nr. 889
138 Hannoversche Allgemeine Zeitung, 6.11.1992, in: StadtA H 1.NR.1.03 Nr. 889
139 Vgl. Neue Presse, 7.11.1992, in: StadtA H 1.NR.1.03 Nr. 889
140 Vgl. Hannoversche Allgemeine Zeitung, 12.11.1992, in: StadtA H 1.NR.1.03 Nr. 889
141 Vgl. Neue Presse, 19.11.1992, in: StadtA H 1.NR.1.03 Nr. 889
142 Vertrag zur Bereinigung der kulturellen und wirtschaftlichen Beteiligungsverhältnisse und zur Sicherung des kulturellen Angebots zwischen dem Land Niedersachsen und der Landeshauptstadt Hannover vom 18.12.1992. Der Vertrag tritt mit Wirkung vom 1.1.1993 in Kraft.
143 Vgl. Hannoversche Allgemeine Zeitung, 21.1.1993, und Neue Presse, 21.1.1993, beide in: StadtA H 1.NR.1.03 Nr. 889
144 Vgl. ebenda
145 Vgl. Hannoversche Allgemeine Zeitung, 27.7.1994, in: StadtA H 1.NR.1.03 Nr. 315